필요한 사람인가

필요한 사람인가

발타자르 그라시안
라 로슈푸코
라 브뤼예르 원저
-
한상복 엮음

위즈덤하우스

프롤로그

좋은 사람보다
필요한 사람

"저야 더 좋은 조건으로 해드리고 싶지만 우리 팀장님 아시 잖아요? 찔러도 피 한 방울 안 나온다니까요."

커피전문점에서 한 남자가 마주 앉은 상대에게 난처하다는 듯 입장을 토로한다. 흔히 볼 수 있는 장면으로, 상사를 '나쁜 사람' 만들어 계약을 원안대로 밀어붙이려는 상투적 수법이다. 이로써 그는 두 가지를 얻는다. 하나는 유리한 쪽으로 계약을 체결하는 것이고, 다른 하나는 '좋은 사람'이라는 인정과 만족을 얻는 것이다.

우리는 누구나 좋은 사람이고 싶다. 이해타산을 따지는 자리에서조차 상대의 감정에 호소해 좋은 사람이라는 인정을 받으려 한다. 내가 얻을 이익은 테이블 아래 살짝 감춘다. 그리하여 위선이 탄생한다. 그렇다고 사악한 정도는 아니다.

어릴 때부터 "이기적으로 살면 안 된다"고 배워왔다. 훌륭한 사람이란 남을 위해 이타적으로 살아가는 이를 뜻했다. 그런데 정작 어른이 되어서는 한 푼의 이익이라도 마른 수건 쥐어짜듯 만들어내야 '밥값 한다'는 평을 간신히 듣게 되었다. 경쟁자에게는 무조건 이겨야 한다. 그러면서도 여전히 '좋은 사람'이어야 한다. 모순이다.

어쩌다 '이기적인 인간'이라는 욕을 먹으면 마음이 불편하다. 잘못 살고 있는 것 같아서다. 그래서 '좋은 사람 코스프레'를 하게 되고, 남의 눈치를 보며 온갖 일에 신경을 쓰다 보니 지치게 된다. 지치고 힘들면 '남의 탓'이다. 열심히 좋은 사람 역할을 했는데 응분의 대가를 돌려받지 못했으니까.

내 삶이 자본주의에 뿌리내리고 있는 한 모순은 필연일 수밖에 없다. 자본주의는 이기심과 이익을 동력원으로 삼아 굴러가는 시스템이다. 그러면서도 이기심은 나쁜 것이라고 주입시키니, 시스템 자체가 이중적이며 모순적이다.

내가 좋아하는 것, 이루고 싶은 바를 포기할 수 없다. 그렇다고 내 것만 챙기는 이기적인 사람이 되는 것도 싫다. 결국 내 실속은 철저하게 챙기면서 이기적으로 보이지 않으려 애를 쓰다 보니 위선의 탈을 쓰지 않을 수 없다.

근엄한 가르침보다는 재치 있는 말 한마디가 더 많은 것을 깨우쳐줄 때도 있다. 대학에서 배우는 지식보다 일상적인 대화에서 얻은 지식이 살아가는 데 많은 도움이 된다.

● 그라시안

혼돈과 불만의 원류를 찾아 거슬러 올라가다가 17세기 유럽의 몇몇 지식인들과 조우했다. 이들을 통해 '화장발 없는 삶의 진실'을 들여다볼 수 있었다. 발타자르 그라시안(Baltasar Gracian, 1601~1658)과 프랑수아 드 라 로슈푸코(François de La Rochefoucauld, 1613~1680), 장 드 라 브뤼예르(Jean de La Bruyère, 1645~1696) 등 우리 교과서에서는 유명세를 떨치지 못했던 인물들이다.

이들 세 명의 지식인은 내일의 안녕을 기약할 수 없는 암흑의 시대에, 어떻게 살아가는 게 인간다운 것인지를 끝없이 고민하며 인간의 위선과 허영, 이기심 등을 특유의 직관과 통찰로 예리하게 포착해냈다.

17세기 유럽은 음모와 배신, 정치적 모략, 함정, 암살, 내전이 끊이지 않던 격변기였으며 귀족의 몰락과 부르주아의 등장으로 자본주의의 단초가 엿보이는 시기이기도 했다. 오늘날 우리가 비집고 살아가는 고도 자본주의의 씨앗이 이때 뿌려졌다고도 할 수 있다.

짤막한 잠언들을 모은 이들의 저작은 18세기 계몽주의가 탄생하는 데 밑거름이 되었으며 '근세 철학과 현대 자기계발의 원류'로도 평가받는다. 쇼펜하우어, 니체, 스탕달, 키에르케고르, 토마스 하디, 비트겐슈타인, 앙드레 지드 등이 이들의 열렬한 추종자를 자처하거나 깊은 영향을 받았다고 밝힌 적이 있다.

세 명의 현자는 촌철살인의 독설과 풍자로 아픈 곳을 매정하게 후려치기도 하는데, 되새겨 읽다보면 속이 후련해진다. 양심을 뒤덮은 위선의 먹구름을 헤치고 뼈에 새길 만한 한 마디 한 마디를 전해주기 때문이다. 그럼에도 다양한 주제의 맥락을 통해 전해지는 전반적인 정서는 '당신을 지지할 테니 열심히 살아보라'는 것이다. 우리가 깊이 존경하는 선배들이 뼈를 심어 충고를 해줄 때와 비슷하다. 가장 아끼는 후배에게만 살짝 들려주고 싶은 조언들이다.

> 인생이란 느끼는 사람에게는 비극인 반면 생각하는 사람에게는 희극이다.
> ● 라 브뤼예르

17세기 유럽을 살았던 세 현자의 잠언에, 21세기 대한민국을 살아가는 우리가 빠져드는 것은 시대를 초월하는 공감 때문일 것이다.

위선의 시대, 혼돈을 피할 수 없다면 어떻게 그것과 더불어 살아갈 것인가.

우리가 살아가는 현실 역시 그들의 시대처럼 부조리와 불합리로 가득 차 있다. 고도 자본주의의 휘황찬란한 포장을 한 겹만 벗겨도 증오와 멸시, 질투와 시기가 도가니처럼 끓어오른다. 옳지 못한 수단을 쓴 사람들이 떳떳하게 나서는 반면 바르게 살아가는 사람들은 참담함에 고개를 떨군다. 노인 빈곤과 자살률이 경제협력개발기구 국가들 가운데 1등이고, 행복지수와 출산율은 수년째 OECD 최하위를 기록하고 있다.

이런 세상을, 어떻게 헤쳐나가는 게 현명한 삶인가.

세 현자가 남긴 글들이 바쁜 세상살이에 묻어두었던 기억과 경험의 편린들을 깨워 불러냈다. 그들의 잠언을 중심 기둥으로 삼아 지금껏 겪은 세상살이 경험에 동서양의 역사와 철학, 심리학, 문학, 예술, 경제경영, 전쟁, 뇌과학, 영화, 동물생태, 첨단기술에 이르기까지 다양한 내용들을 엮어 일상의 언어로 풀어냈다.

날카로운 지성과 고결한 인품을 가져라. 그러면 성공은 자연스럽게 다가온다(선배들 역시 수차례 강조했던 말이다). **학식은 뛰어나지만 비뚤어진 마음을 가지고 있으면 많은 사람을 해치는 괴물이 되고 만다**('우리 괴물은 되지 말자'는 말을 선배들로부터 얼마나 많이 들었던가). **마음씨가 비뚤어진 사람은 지식이 많을수록 오히려 교묘하게 사람들에게 해악을 끼친다. 또한**

제아무리 재능이 뛰어나도 마음이 비뚤어진 사람은 일시적인 이익을 얻더라도 진정한 성공에는 이르지 못한다(똑바로 살지 않으면 아무리 승승장구해도 뒤끝이 좋지 않다는 충고로도 익숙한 대목이다).

● 그라시안

세 현자는 세상에 대해 억지 희망을 품지 않는다. 그렇다고 오로지 비관적인 것만도 아니다. 그들은 있는 그대로의 세상을 어떤 자세로 살아갈 것인지를 고민한다. 지나치게 이기적이면 불화와 불행을 끌어들이게 되므로 조심해야 하지만, 반대로 '좋은 사람'일 필요도 없다고 강조하며 '착한 척'하느라 자기 삶을 살지 못하는 우리의 속내를 들여다본 듯 말한다.

아담 스미스가 정의한 이기심과도 통하는 부분이다. 아담 스미스가 『국부론』에서 정의한 이기심은 '다른 사람의 아픔에 공감하는 이기심'이었다. 다른 사람을 유심히 관찰하고 만일 피해를 입힐 것 같으면 스스로를 자제하는 자애를 베푸는 동시에, 정당한 방식으로 자기 이익을 추구하는 심리였다.

어떻게 살아갈 것인가에 대한 세 현자의 고민이 모이는 지점이 바로 '필요한 사람인가'라는 대목이다. 사람은 다른 이에게 무엇을 얼마나 해줄 수 있는가로 삶이 갈리게 되어 있다는 것이다.

'필요하다'라는 말에 담긴 의미는 우리의 통념보다 광범위하다. 단순한 이용 가치 차원이 아니다. 그것은 지고지순한 사랑일 수도 있고, 관심이나 인정 같은 호의일 수도 있으며, 공감해주거나 조용히 곁에 있어주기일 때도 있다. 사랑하지만 필요할 때는 곁에 없는 사람이 있는가 하면, 필요할 때마다 곁에 있어주는 친한 이도 있다.

세 명의 현자는 책임 모면 혹은 남 핑계에만 급급한 일상에서 벗어나기 위해서라도 무엇보다 필요한 사람이 되어야 한다고 강조한다. 그래야 난세를 버티며 살아남을 수 있다는 것이다. 또한 남의 필요에 일방적으로 끌려다니다가는 불행해질 뿐이라고 경고한다. 남들에게 너무 가까이 다가가지도, 너무 멀어지지도 말고 상대의 필요와 나의 필요를 조화시켜 현명하게 살아가라는 말이다.

> 위선은 악덕이 미덕에 바치는 경의를 뜻한다. 대부분의 사람들에게는 너무 친절하게 대해주는 것보다 오히려 나쁜 짓을 해주는 편이 덜 위험하다.
> ● 라 로슈푸코

남에게 인정과 사랑을 받는 사람이 되기에 앞서 스스로에게 먼저 필요한 사람이 되라고 때로는 위악偽惡의 뉘앙스까지 동원해 역설한다.

나와 세상을 이어주는 소통의 접점을 그들의 쾌도난마 풍자

속에서 만날 수 있다. 그들은 착하게 살라고 강요하지 않는다. '너무 착하지도, 그렇다고 악하지도 않게, 그대로의 나인 채로 살아가라'고 말한다.

'좋은 사람'으로 인정받기보다 '필요한 사람'이 되기 위해 노력함으로써 나를 지켜내는 동시에 상대 또한 불평불만의 유혹으로부터 지켜주는 현실주의적 지혜를 발휘할 수 있다는 의미다. 한마디로 필요를 기반으로 한 공존의 지혜다.

공자의 이상주의와 마키아벨리의 철저한 현실주의 사이를 거침없이 오가는 17세기 세 현자의 주장이 400년을 뛰어넘어 21세기를 살아가는 우리에게 생생하게 와닿는 것은, 그때나 지금이나 살아가기가 여전히 힘들다는 유사성 때문일 것이다.

이제, 그들을 만나 어떻게 살아갈 것인지 고민을 나누어볼 때이다.

차례

◇ 프롤로그 ◇ 좋은 사람보다 필요한 사람 … 005

01
어떻게 나를 지켜낼 것인가

얼마만큼 빛날 것인가 … 021
미덕의 사생활 … 026
부족해서 끌리는 매력 … 031
'인간성'을 재는 저울 … 036
어떻게 나의 지지자를 만들 것인가 … 042
먹물을 내뿜는 오징어처럼 … 047
괜찮은 친구와 아닌 친구 … 052
한 번에 조금씩, 자주, 무심하게 … 057
'정치적'이라는 것의 의미 … 062
허드렛일을 통해 얻을 수 있는 것 … 067
행운을 오래 지켜내려면 … 073
감출 때와 드러낼 때 … 078
사랑에 휘둘리지 않으려면 … 084
빛나지 않으면서 반짝이는 지혜 … 090
알아도 모르는 척해야 할 때 … 096

02
어떻게 세상과 조화를 이룰 것인가

그의 마음에서 천사를 끌어내는 법 ··· 103

오늘 운세에 '참견을 삼가라'는 말이 자주 나오는 까닭 ··· 109

나의 분노에 걸려 넘어지다 ··· 115

나는 '이만한 사람'이 맞습니다 ··· 120

현명함은 색맹이다 ··· 126

무심한 곁눈질 ··· 132

'메티스'에 이르는 길 ··· 138

그렇게 아버지가 된다 ··· 144

숯과 다이아몬드 ··· 150

사랑과 존경의 갈림길 ··· 156

물귀신에 대처하는 현명한 자세 ··· 161

참을 수 없는 우정의 무거움 ··· 167

친구와 적 사이에서 외줄 타기 ··· 172

진실은 작은 소리로 말해도 크게 울린다 ··· 178

열정과 행운 사이의 냉정 ··· 183

03
어떤 사람으로 살아갈 것인가

'내 일'만 보는 사람에겐 내일이 불안하다 … 191

질투의 후폭풍과 자랑의 유료화 … 197

어떻게 때를 기다릴 것인가 … 203

나의 빛과 그림자 … 208

닐 아드미라리 … 214

저울질과 분별력 … 220

생존을 위한 플랜B … 225

하이에나를 부르는 습성 … 231

패배자를 만들지 않는 승자 … 237

안정이라는 신기루 … 243

신뢰의 마중물 … 249

어떻게 서로를 길들일 것인가 … 255

물은 아래로 흐르고, 만족은 겸허한 마음에 고인다 … 261

이성적 판단력이 인생을 지켜준다 … 267

어떤 삶을 살 것인가 … 272

발타자르 그라시안은 1601년 스페인 아라곤 지방에서 의사의 아들로 태어났다. 18세에 예수회에 입회해 신부가 되었다. 예수회 대학에서 교수로 일하며 글을 썼지만 현실 비판적인 내용 때문에 수차례에 걸쳐 예수회로부터 제명당할 위기에 처했다. 그의 저작은 전쟁과 정치 분쟁으로 혼란스러웠던 17세기 스페인이라는 암울한 시대의 산물이기도 했다.

그라시안의 『오라클-신중함의 기예技藝에 대한 핸드북』(1647)은 '인생론의 마키아벨리즘'으로 불린다. 현실주의 관점으로 냉정하게 인간 세상을 바라보면서도, 약하고 불완전한 인간일지언정 지식과 덕행을 쌓음으로써 자기완성에 도달할 수 있을 것이란 희망을 설파한다. 그라시안의 이 책은 '자기계발서의 효시'로 불리며 서구의 근대 철학에도 깊은 영향을 주었다. 쇼펜하우어는 그라시안의 글을 독일어로 손수 번역, '평생의 동반자'라 불렀고, 니체는 "도덕적인 미묘함을 이보다 더 세련되게 다룬 책은 일찍이 나온 적이 없다"며 극찬했다.

◆ Baltasar Gracian

프랑수아 드 라 로슈푸코는 1613년 프랑스 대귀족 가문의 아들로 태어났으나 정치적 책략에 휘말려 파란만장한 삶을 살았다. 루이 13세 시절, 왕비의 편을 들어 권력자 리슐리외 재상을 타도하려는 음모에 가담했다가 투옥되는가 하면, 루이 14세 때에는 실세 마자랭에 맞서 반란을 일으키기도 했다. 두 차례의 큰 부상을 입고 은퇴해 살롱에서 독서와 대화를 나누며 제2의 인생을 살았다. 염세주의자의 세계관으로 뒤범벅된 『잠언집』(1655)을 익명으로 발간해 진보적 지식인들의 열렬한 찬사를 받았다. 『잠언집』은 인간의 동기를 '자기애'와 '이기심'에서 찾는다. 그는 대놓고 말한다. "우리의 미덕은 위장된 악덕에 지나지 않는다."고.

그라시안이 신중함을 강조하는 현실주의자였던 데 비해, 라 로슈푸코는 염세적 관점으로 '착한 척'하는 사람들에게 통렬하게 쏘아댄다. 그러면서도 모든 사람에게 해당되는 것은 아니라는 '희망의 문'을 열어놓기도 했다. 그의 『잠언집』은 키에르케고르와 니체, 스탕달, 앙드레 지드, 비트겐슈타인 같은 거장들에게도 큰 영향을 미쳤다. 볼테르는 "프랑스의 국민성이 형성되는 데 밑바탕이 되어준 책"이라고 평가하기도 했다. 프랑스 사람들의 비딱한 국민성이 라 로슈푸코 『잠언집』의 영향을 많이 받았음을 지적한 대목이다.

◊ François de La Rochefoucauld ◊

장 드 라 브뤼예르는 1645년 파리에서 태어나 변호사, 세무관 등으로 일했다. 마흔이 다 된 나이에 당시의 최고 권력자 콩데 공의 가정교사로 들어가 16세였던 부르봉 공작에게 문학을 가르쳤다. 가정교사를 그만둔 뒤에도 공작의 일을 돌보며 원고를 썼다. 권력자 집안에서 일어나는 탐욕과 책략, 배신 등을 목격하기 위해서도 저택을 떠날 수 없었다. 무슨 일이 일어날지 알 수 없어 늘 경계해야만 하는 정치적 급변 속에서 반항적이며 풍자적인 자신의 성격을 십분 발휘해 귀족사회와 인간에 대한 통찰과 비판을 『성격론』에 담아 익명으로 출판했다. 이 책은 18세기 계몽사상에 큰 영향을 미친 것으로 평가받는다.

◆ Jean de La Bruyère ◆

01

어떻게 나를
지켜낼 것인가

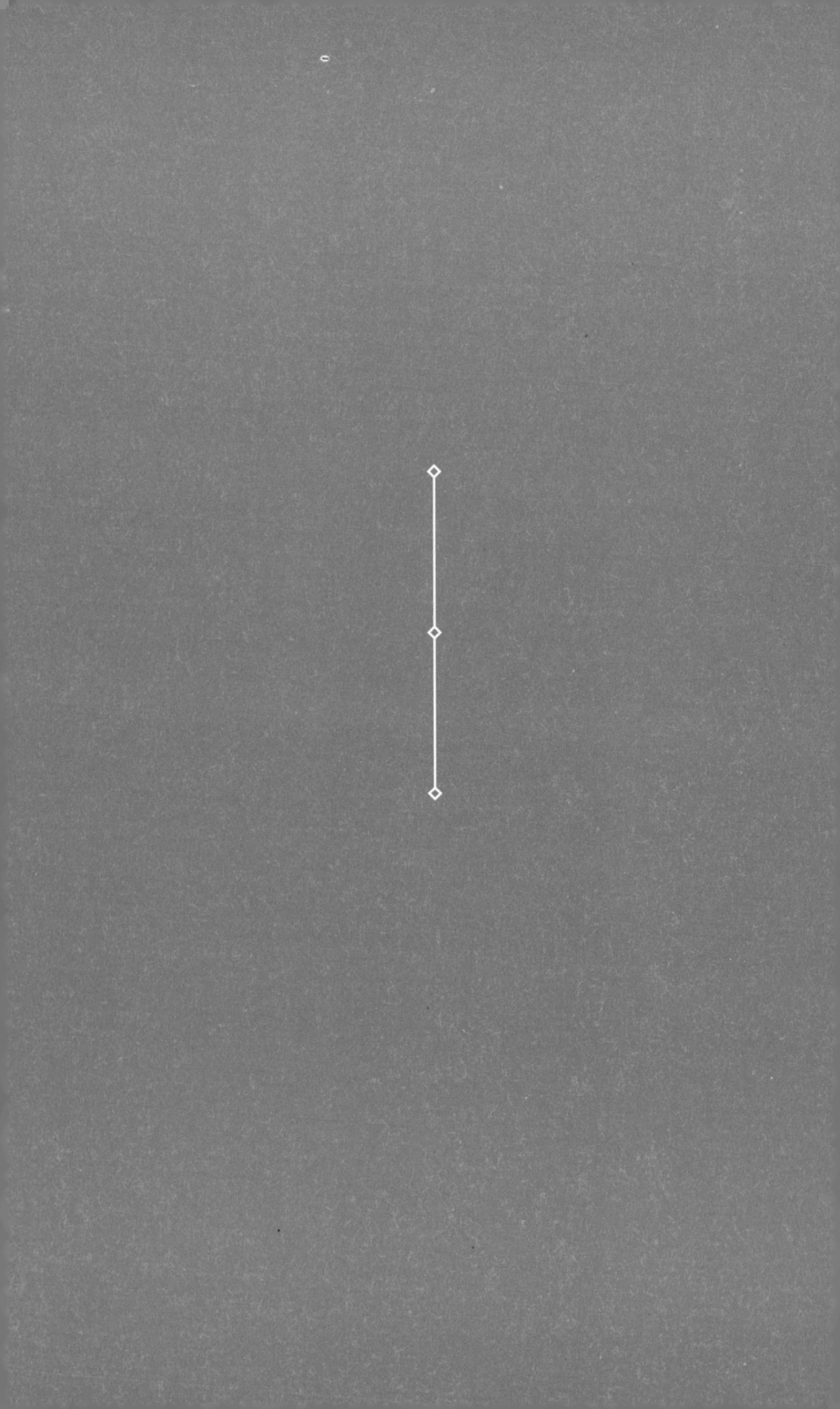

얼마만큼 빛날 것인가

 학교를 졸업한 것으로 '이제 시험은 모두 끝났다'고 믿었던 때가 있다. 하지만 얼마 지나지 않아 알게 되었다. 시험은 이제부터 시작이라는 것을. 게다가 학교의 시험과는 달리, 세상의 시험에는 정해진 답이 없다.

 신입 때부터 일찌감치 두각을 드러내는 동기들을 보며 뒤처지지 않을까 전전긍긍했던 시절, 한 베테랑 선배로부터 K의 이야기를 들었다.

 K는 상사들의 총애를 독차지하던 유망주였다. 천재에 가까운 아이디어맨인데다 성격까지 쾌활해 부서장들이 경쟁적으로 모셔가려는 인물이었다. 그는 이리저리 불려 다니며 실력을

발휘했고, 이따금 태스크포스가 구성되면 각 부서의 역량을 조합해 탁월한 성과를 내기도 했다. 그런데 많은 이에게 긴요했던 K의 쓰임새가 얼마 지나지 않아 독이 되고 말았다. 그를 일찌감치 자기 휘하로 못박아두고 싶었던 '라인'들의 정치 게임에 휘말리기 시작하면서부터였다.

> 목이 말랐던 사람이 물로 목을 축인 뒤에는 자신의 갈 길을 가고, 아무리 맛있는 오렌지도 알맹이를 먹고 나면 껍질을 버리듯, 원했던 마음이 사라지고 나면 예의도 존경도 사라지게 된다.
> ● 그라시안

상처받은 K는 사내 평판에서도 곧 한계에 부딪혔다. 워낙 쓸모가 많았던 탓에 주변의 눈높이도 이미 그 수준에 익숙해진 나머지 그는 '당연히 그래야만 하는' 존재가 되어 있었다.

K에게는 남과 다른 잣대가 적용되었으며, 그 이상을 보여주지 못했을 때에는 은근한 비판까지 감수해야 했다. K는 지쳐갔고, 환하게 빛나던 그의 쓰임새도 얼마 지나지 않아 소진되고 말았다.

직장 생활을 하다 보면 우리들 대부분은 자신보다 타인의 필요를 충족시키기 위해 일을 하게 된다. 고객을 만족시켜야 하고, 상사와 동료들로부터 인정을 받아야 하며, 가족의 기대에도 부응해야 한다. 그래서 더욱 쓸모 있는 사람이 되려고 더 많은 관계 속으로 들어가게 된다. 삶이 복잡해진다. 급기야 내 자신의 의지가 아닌 남들의 쓸모에 의해 휘둘리기 십상이다.

> 어느 누구에게도 쓸모가 없는 사람으로 간주된다는 것은 불행한 일이다. 하지만 모든 이에게 쓸모 있는 사람이 되려는 것은 더욱 불행한 일이다. 모든 이에게 쓸모 있는 사람은 아무에게도 쓸모없는 존재나 마찬가지이며 분란에 휘말려들기 쉽다.
> ● 그라시안

누구나 다른 이에게 '의미 있는 존재'이고 싶다. 뭔가를 해줌으로써, 혹은 옆 자리를 채워줌으로써 타인에게서 나의 존재감을 확인하려 한다. 그런 의미에서 '쓸모없다'는 평가만큼 잔인한 게 없다. 사람을 '쓸모'라는 잣대로 재려는 것부터가 그렇거니와, 당사자로선 '쓸모없다'는 말 한마디에 존재의 의미가 뿌리째 뽑힌 듯한 좌절감을 맛볼 수도 있다.

그렇기에 우리들 대부분이 '쓸모 있는 존재'를 넘어 더더욱 '쓸모가 많은 존재'로 인정을 받기 위해 고군분투하는 것일 게다. 그런 우리에게 그라시안은 "당신의 쓸모를 줄이라"고 일침을 놓는다.

어느 분야에나 해결사 혹은 만병통치약 같은 존재가 있다. 그들은 처음에는 탁월하다는 평판을 듣지만 금방 잃어버린 채 '평범하다'는 경멸의 대상이 된다. 이렇게 되지 않으려면 당신의 능력을 지나치게 드러내서는 안 된다. 충분한 능력을 갖추되 적당히 보여주어라. 횃불이 밝을수록 기름은 빠르게 소모되며, 이내 꺼질 시간이 다가온다.

● 그라시안

K에게 잘못이 있다면 너무 일찍 불을 밝혀 많은 상사들 앞에서 환하게 빛났다는 점이다. 마음껏 쓰기에는 어쩐지 껄끄러운 부하였던 셈이다.

결국 K는 다른 직장으로 떠났고, 그동안 K에게 가려져 눈에 띄지 않았던 의외의 인물들이 주요 포스트를 맡게 되었다.

웬만한 회사들이라면 양상이 크게 다르지 않을 것이다. 초반에 스퍼트를 냈던 스마트한 사람은 오래가지 못하고, 신입 시절 존재감이 크지 않았던 사람들이 나중에 실력을 발휘한다. 이런 사람들은 마치 '복병'과도 같다.

복병 스타일은 자기 능력(쓰임새)과 시간의 함수 관계에 정통한 사람이다. 자신의 쓰임새가 앞으로도 요긴할 것이란 기대감의 실마리를 남의 손에 '불편하지 않게' 쥐어주는 지혜를 가지고 있다. 한마디로 이들은 빨리 타올라 먼저 꺼지지 않기 위해 냉정한 인내심을 선택했던 쪽이다.

어떤 조직이든 상층부로 올라갈수록 이상주의자를 찾기가 쉽지 않다. 철학과 이상으로 존경받는 것과, 그것을 현실에서 펼치는 것은 전혀 다른 문제이기 때문이다. 공자만 해도 그렇다. 공자는 56세부터 13년 동안 천하를 주유했으나 어느 나라의 제후도 그를 책임 있는 자리에 등용해주지 않았다.

조직에 살아남아 뜻을 펴기 위해서는 홀로 빛나는 고매한 인격자보다는, 다소 덜 빛나더라도 사람들 틈에서 편하게 어울릴 수 있는 현실주의자가 될 필요가 있다. 하지만 그것 또한 말처럼 쉽지 않기에, 삶은 끝없이 펼쳐진 살얼음판 위를 조심조심 걷는 것과 다르지 않다.

지혜로운 사람은 남들에게 '고마운 존재'가 되기보다는 '필요한 존재'가 되고자 한다. 그러니까 상대가 당신에게 고마워하기보다는 기대하고 의지하게 만들어라. 기대는 오랫동안 기억되지만 감사의 마음은 금방 사라지기 때문이다.

● 그라시안

미덕의 사생활

미덕이라는 두 글자도 이해관계에 값지게 쓰일 때가 있다. 악덕처럼.
● 라 로슈푸코

휴일 오후 SNS에 모인 친구들의 이야기 가닥이 우연찮게 '세상 걱정'으로 모아졌다. 사회적 이슈에 대해 꽤나 진지한 토론이 벌어지고 이따금 한숨과 푸념도 섞인다.
'어떻게 하면 더 나은 세상을 만들 수 있을까?'
누군가 이런 멘트를 올리자 대화의 내용이 고색창연해진다. 약하고 상처받은 이웃을 배려하는 세상, 모두가 함께 잘사는 세상에 대해 제각각 아이디어를 내놓기도 한다. 아름답고 보람 있는 대화를 마친 뒤 각자의 일상으로 흩어지고 나면 이제 '나의 시간'들이 시작된다.

A는 가까운 재래시장 대신 차를 타고 멀리 떨어진 회원제 대형마트에 가서 장을 본다. B는 골목의 작은 식당 대신 호화로운 이탈리안 레스토랑에서 가족과 외식을 즐긴다. C는 대기업이 운영하는 다국적 커피 전문점에 들러 카푸치노를 주문한다.

좀 전까지 약한 사람, 상처받은 사람을 걱정하던 미덕이 쇼핑이나 외식 같은 소소한 즐거움 앞에서 흔적도 없이 사라진다. 당연하고도 자연스러운 일상이 모든 것을 덮어버린다.

삶의 본질은 '어울려 행복하게 살아가기'인 동시에 '내 영역을 지켜내기 위한 노력'이기도 하다. 나의 호의로(그렇게 믿는다) 남을 돌보고 때로는 좌우하려 들며, 남의 부당한 간섭이나 개입(그렇게 단정한다)으로부터 나의 자유를 지켜내려 한다.

세상을 책으로 배우던 학생 시절에는 정답이 하나뿐이라고 믿었다. 진실이 여럿일 수도 있다는 건 도저히 상상하기 어려웠다. 하지만 세상을 온몸으로 살아야 하는 지금은 정답과 진실의 경계가 모호해졌다. 이젠 그 어느 것도 명쾌하게 결론지을 수 없다.

> 사실 우리가 미덕이라고 일컫는 것들은, 여러 종류의 행위와 복잡하게 얽힌 이해관계를 한 군데 모아놓은 것에 지나지 않는다. 행운 혹은 책략이 그

런 것들을 그럴싸하게 미덕으로 포장해놓은 경우가 많다.

● 라 로슈푸코

　자동차 회사에 다니는 A가 친구들에게 급하게 연락을 했다. 실적이 부진해 승진에 영향을 받을 수 있으니 "한 번만 도와달라"는 얘기였다. 다행히 몇몇 친구가 흔쾌히 부탁을 들어주었다. 한 친구는 자기가 탈 자동차를 구입했고, 두 친구가 주변 사람들을 소개시켜주었다. 덕분에 A는 다섯 대의 계약 실적을 올릴 수 있었다.

　그런데 구매자를 연결시켜준 두 친구는 공교롭게도 금융권 종사자였다. 그들은 과연 우정이라는 순수함을 발휘해 A를 도와준 것일까? 금융상품 판매 캠페인 때 그 호의를 되돌려 받겠다는 계산은 조금도 하지 않았을까?

　자기 차를 구입한 친구는 나중에 A의 승진과 이사 소식을 듣고 전화를 걸었다. 그리고는 A의 집 공사 계약을 맺었다. 그는 인테리어 사업을 하고 있다.

> 미덕이라는 것은 보통, 우리의 열정이 만들어낸 환상에 지나지 않는다. 이런 환상에 그럴듯한 이름을 붙여서는 그것을 미끼로 자기가 하고 싶은 일을 안심하고 해보자는 속셈에 다름 아니다.
>
> ● 라 로슈푸코

우정이라는 미덕에는 '조건 없이 주고받는 믿음'과, '호의를 받은 뒤에는 꼭 갚아야만 하는 계산'이 뒤섞여 있다. 엄밀히 보면 아무것도 섞이지 않은 순수한 미덕을 찾기가 오히려 더 어렵다.

많은 사람이 환경의 가치를 중시하면서도 더 크고 안락한 자동차를 구입한다. 학문의 순수함을 고집하면서도 좋은 회사에 취업하기 위해 경영학을 복수 전공한다. 그런가 하면 어떤 이는 도덕적으로 우월하다는 신념에 도취된 나머지 타인을 마음대로 좌지우지하려다 말썽을 빚기도 한다.

> 미덕의 조직 속에는 악덕이 포함되어 있다. 약을 조제할 때 독소가 들어가는 것처럼, 빈틈없는 지혜는 양쪽을 적당히 섞어두었다가 필요할 때 그것을 잘 사용한다.
> ● 라 로슈푸코

라 로슈푸코는 『잠언집』(1655)을 통해 때로 인간의 마음속 불편한 진실을 듣기 거북할 정도로 낱낱이 파헤친다.

'착한 척하는' 사람들에게 "우리의 미덕은 위장된 악덕에 지나지 않는다"고 통렬하게 쏘아댄다. 하지만 그가 풍자하는 위선은 또한 우리가 갖고 있는 '순진무구함의 문'을 열어주는 이채로운 열쇠이기도 하다. 어떻게 보면 '우리 모두 완벽하지는 않은 존재'라는 체념적 명제야말로 라 로슈푸코 식 위안이 아닐까.

그렇기 때문에 우리는 아름답고 숭고한 그 무엇인가를 더욱 추구하게 되는 것인지도 모른다. '자기만족' 외에는 아무것도 기대할 수 없는 봉사 또는 헌신 같은 것들 말이다. 그래서 때로는 사명감 없이는 뛰어들 수 없는 극한의 장소에서 다른 이를 위한 열정을 불태우기도 한다. 이런 측면을 보면, 허영이 반드시 부정적인 역할만 하는 것은 아닌 셈이다.

> **허영이라는 길벗이 없다면 미덕은 그렇게 멀리까지는 가지 못할 것이다.**
> ● 라 로슈푸코

부족해서 끌리는 매력

어쩐지 끌리는 사람이 있다. 가만있어도 주변에 사람들이 몰려든다. 작은 일에도 찬탄이 끊이지 않는다.

여기, 평생에 걸쳐 여성들의 인기를 한몸에 누린 17세기 프랑스 귀족이 있다. 잘생긴 소년 시절로부터 전투 중 부상으로 용모가 망가진 중년 시절, 갖은 질병으로 고생하던 노년에 이르기까지 한결같이 귀족 여성들의 사랑을 받았다. 라 로슈푸코 공작이다.

> 매력은 사람의 마음을 끌어당기는 지혜로운 마술이다. 세상 모든 일은 사람의 마음을 사로잡아야 이룰 수 있다. 실력만으로는 어렵다. 상대의 호의

를 이끌어내는 것이야말로 마음을 사로잡는 가장 강력한 수단이다.
● 그라시안

    라 로슈푸코는 열여섯 살 때부터 루이 13세의 궁정에 출입하기 시작해 왕비 안 도트리슈의 환심을 샀다. 그리고는 왕비의 최측근인 슈브뢰즈 공작부인과 애인 사이가 되었다. 라 로슈푸코는 열네 살에 이미 결혼을 한 유부남이었다.
    그에게 손을 뻗친 것은 왕비의 측근만이 아니었다. 루이 13세가 가장 아끼던 여인 마리 드 오트포르 또한 라 로슈푸코 때문에 몸살을 앓았다. 다행히 발각되지는 않았지만 결국 그는 왕과 연적 관계가 되고 말았다.
    아무튼 여기까지는 '타고난 매력' 덕분이라고 말할 수 있다.

타고난 매력도 노력이 더해질 때 빛을 발한다. 일시적인 인기가 아니라, 인간적 호감과 존경을 얻어 사람들의 마음을 사로잡기 위해서는 자기 내면에서 매력을 찾아내어 갈고닦을 줄 알아야 한다.
● 그라시안

    루이 13세의 아내 안 도트리슈 왕비는 스페인 출신이었다. 그런데 결혼한 지 얼마 지나지 않아 고국에서 거느리고 온 사람들을 모두 돌려보내야만 하는 처지가 되었다. 졸지에 고립무원의 신세가 된 것도 모자라 남편 루이 13세로부터도 외면당했다.

왕비는 모든 게 당시의 실력자 리슐리외 추기경의 음모 때문이라고 믿었다. 실제로 리슐리외는 왕비가 프랑스 왕가의 비밀을 스페인에 전할지도 모른다며 편지를 검열하다가 아예 금지시켜버렸다.

왕비는 친정에 보낼 편지를 비밀리에 전달하려 했고, 그 위험을 온몸으로 감당하게 된 인물이 라 로슈푸코였다. 그는 왕비를 위해 애인인 슈브뢰즈 공작부인과 함께 리슐리외 제거 계획을 실행하려다가 작전이 탄로 나는 바람에 위기에 처했다. 하지만 그 와중에도 공작부인을 외국으로 먼저 도피시키고 자신은 바스티유 감옥에 갇히고 말았다.

자신을 이용하려는 여성의 유혹에 약하다는 것이 라 로슈푸코의 '어찌할 수 없는' 결점이었다. 그러나 그는 그런 결점에도 불구하고 자기가 할 수 있는 노력을 기울였다.

왕비의 편에 서기 위해, 나중에는 또 다른 여성(롱그빌 공작부인)과 뜻을 함께하기 위해 전투를 치르고 숱한 부상을 입었다. 그녀들로부터 배신을 당하고 나서도 원망하지 않았다. 목과 얼굴에 부상을 입어 멋진 용모를 잃었음에도 불구하고 파리의 많은 귀족 여성들은 여전히 그를 매혹된 표정으로 바라보았다.

도덕적 혹은 인격적 결함이 없는 사람은 극소수에 불과하다. 그런데 우리는 자기 결점에 지나치게 집착함으로써 그것을 극복하지 못하고, 도리어 발목 잡히고 만다. 결점을 매력으로 바꾸는 것이야말로 최고의 지혜이다. 로마의 줄리어스 시저는 월계관을 씀으로써 자기의 대머리를 부끄러움이 아닌 영광의 징표로 만들었다.

● 그라시안

사람들은 아이 같은 매력을 가진 이에게 호감을 느낀다. 조금 모자라 보이는 사람에게 방심하고, 그의 순진한 질문에 기꺼이 친절을 발휘하며 도움의 손길을 내민다.

라 로슈푸코는 정치와 전쟁의 소용돌이에 휘말린 뒤로 평생에 걸쳐 경제적 어려움을 겪었다. 거의 모든 재산을 저당 잡혀 빚으로 사병들을 먹여 살렸다. 여자와 명예를 좋아하고 용감했던 반면 자기 재산을 챙기거나 불리는 데는 매우 허술했던 것이다.

이런 허술함이 그에게 보탬이 되기도 했다. 루이 14세가 그의 직위를 박탈하고 재산을 몰수한다는 칙령을 내렸을 때에는 채권자들이 들고 일어나기도 했다. "국가에 의한 채권자 권리 침해"라며 재판소를 통해 잇달아 항의하는 바람에 왕실이 압류에 나서지 못하고 차일피일 미루다 결국 무산되고 말았다.

공작은 돈에는 허술했지만 책과 지식에는 꼼꼼했다. 미리부터 은퇴 이후의 삶을 대비해 자신의 성(베르퇴유)에 오랜 시간을 들여 장서를 모았다. 책을 통해 쌓은 지식과 교양을 바탕으로 사블레 후작 부인, 라파예트 백작 부인 등 엘리트 여성들과 지적인 대화로 우정을 나누었다.

사람들이 독기 어린 잠언을 내뱉는 그에게 끌린 것은 허술하면서도 따뜻함을 나누는 인간적 매력 때문이었을 것이다.『잠언집』에 짙게 드리워진 우울과 독설은 어쩌면 선善에 대한 그의 타협할 수 없는 갈구인지도 모른다.

'인간성'을 재는 저울

"왜 스마트한 선배는 물을 먹고, 그보다 못해 보이던 선배들이 승진을 거듭하는 것일까?"

직장인이라면 한두 번쯤 품어봤을 의문이다.

제대로 된 회사라면 똑똑한 사람에게 기회를 주는 게 당연하지 않은가. '똑똑한 사람인가, 아닌가'라는 익숙하고도 명확한 기준으로 보면 납득하기 어렵다. 그런데 이보다 더한 미스터리가 있다.

"왜 인간성 좋은 선배는 못 버티고, 피도 눈물도 없는 선배들이 승승장구하며 오랫동안 자리를 지키는 것일까?"

누군가를 가늠할 때 대부분 '인간성'을 첫 번째 덕목으로 꼽는다. 누구나 '사람 냄새 나는 친구', '마음의 온기가 느껴지는 친구' 곁으로 모여들지 않는가.

하지만 회사는 이따금 혹은 자주, 인간성이라는 덕목을 무시하고 사람 좋은 선배를 궁지로 내몰곤 한다. 그리고는 '인간성 별로'인 선배에게 힘을 실어주어 후배들을 핍박하게 만든다. 적지 않은 직장인이 아침에 일어나자마자 한숨을 짓는 것으로 일과를 시작한다. 심지어는 토요일 오후부터 월요일의 출근을 걱정한다. 그러다 마침내 이런 결론에 도달하게 된다.

'이것은 정의가 아니다.'

그런데 라 로슈푸코는 정의를 색다른 관점에서 말한다.

> 정의란 '내가 가진 것을 빼앗기지나 않을까?' 하는 의구심이다. 이웃 사람의 이해관계를 존중하며 그에게 피해를 주지 않으려고 세심한 주의를 기울이는 것도, 결국은 이런 생각에서 나온다.
> ● 라 로슈푸코

사람은 기본적으로는 이기적이다. 자신의 생존과 안위를 우선시함으로써 살아남을 수 있었던 조상들로부터 유전자를 물려받았다. 그런데 이 같은 이기적인 인간들이 공존할 수 있었던 것은, 이해타산을 따질 줄 아는 지혜를 키워왔기 때문이다. '나의 이익'과 '남의 이익'을 견주고 조정할 수 있기에 오로지 자기 이익만을 위해 타인을 해치는 비극을 피할 수 있었던 것이다. 따라서 이해타산은 세상을 작동시키는 중요한 메커니즘 가운데 하나이기도 하다.

라 로슈푸코의 관점에 따르면 정의로운 사람이란 '남의 이익을 자기 이익처럼 소중히 여기는 사람'이다. '내가 당신의 이익을 존중해주는 만큼 당신 또한 나의 이익을 침해하지 말라'는 마음에서 포용력을 발휘한다는 의미다. 흔히 일컫는 '인간성'의 출발점도 결국 이해관계의 균형을 이루려는 의도에서 찾고 있는 셈이다.

누구나 아닌 척은 하지만, 다른 이의 '인간성'을 평가할 때 자기중심적 이해타산을 많든 적든 반영하기 마련이다. 사람은 자기에게 도움이 되는 이를 좋아하게 되어 있다. 생각과 취향이 비슷해 이야기가 잘 통하거나 이해관계가 일치할 경우 '좋은 사람'으로 분류하곤 한다.

반면 남의 사정은 아랑곳하지 않은 채 자기 기분과 이익에만 몰두하는 이를 '나쁜 사람'이라 칭한다.

따라서 좋은 사람 혹은 나쁜 사람이란 꼬리표는 상대적일 때가 많다. 우리 팀의 에이스는 경쟁하는 팀의 입장에선 '나쁜 놈'이며 적국의 영웅이야말로 우리에겐 '전범'에 '살인마'다. 법 없이도 살아갈 회사원들이 경쟁사 또는 거래처와는 속고 속이며 협상을 벌인다.

서로 다른 입장을 가진 사람끼리 어우러지다 보면 각자의 이해타산이 부딪힐 수밖에 없는 게 현실이다. 마찰과 대립은 필연이다. 한비자의 말처럼 가마를 만드는 이는 사람들이 부귀해지기를 바라는 반면, 관을 만드는 이는 사람들이 빨리 죽기를 바란다.

> 사람이 악덕을 비난하고 미덕을 찬양하는 것은 모두 이해관계 때문이다.
> ● 라 로슈푸코

그런데 어떤 사람들은 그런 와중에도 협상력을 발휘해 이해관계를 분석함으로써 우리 쪽의 실리를 가능한 범위 안에서 최대한 챙기려 한다.

이때 필요한 것이 명분이다. 명분은 협상 테이블 위에 놓인 복잡하고 치열한 이해관계를 덮어주는 화려한 보자기 역할을 해준다. 수완 좋은 이들은 서로의 명분을 최대한 내세우면서 테이블 밑으로는 손가락을 분주히 움직여 계산기를 두드린다.

결국, 양쪽의 명분과 실익이 적절하게 만나는 지점에서 협상이 타결된다.

회사 입장에서 직원의 됨됨이나 지식, 전문성 같은 덕목이 중요하지 않은 것은 아니다. 그러나 회사는 그런 것들 외에도 중요한 기준을 하나 더 가지고 있다.

'이 사람이 회사에 얼마나 이익을 안겨줄까' 하는 것이다.

경영자는 이익의 수호자이기 때문이다. 시쳇말로 출세하는 사람들은 대개 똑똑하거나 훈훈한 인간성 대신, 화려한 보자기 밑에서 움직이는 이해관계의 맥락을 찾아내는 데 비상한 재주를 가진 이들이다. 우리 쪽 이익을 한 푼이라도 더 챙기되 양쪽 명분에 흠집이 가지 않도록 흐름을 잡아가는 능력을 발휘한다. '좋은 사람'과는 다르다.

> 이해타산은 모든 죄악의 근원으로 비난받고 있으나, 동시에 모든 선행의 근원으로서 찬양받을 자격도 가지고 있다.
> ● 라 로슈푸코

세상을 선악의 잣대로만 보면 상대에게 '성자^{聖者}나 가능한 미덕'을 기대했다가 실망하고 상처받기 십상이다. 그런 실망을 거듭한 뒤에야 '착한 사람 콤플렉스'가 실은 자기 불구화self handicapping이며 일종의 '구실 만들기'와 다름없다는 사실을 깨닫게 된다. 자존심을 지키기 위해 자신이 겪은 좌절을 '내 힘으론 어쩔 수 없는 남의 탓'으로 돌리려 한 것이다.

좋은 사람, 나쁜 사람이 아닌 '있는 그대로의 그들'을 인정할 수 있으려면, 먼저 사람들이 제각각의 이해관계로 움직인다는 사실을 받아들여야 한다. 세상엔 좋기만 한 사람도, 나쁘기만

한 사람도 없다. 이해타산 관계로 풀이해보면 가까운 사람들이 또 다른 관점으로 보이기도 한다.

그렇다고 인간이 오로지 자기 이익을 위해서만 움직이는 것도 아니다. 타인을 위해 헌신한 동료를 얼마나 높이 평가하는지는, 우리가 계산에 얼마나 익숙해져 있는지와 정비례한다. 내 이익부터 따지는 습성이 늘 몸에 배어 있기에 남을 위해 희생한다는 게 얼마나 어려운 결정인지 절감할 수 있는 것이다.

헌신하는 사람은 이기심을 버림으로써 얻을 수 있는 대가를 미리 상상할 수 있으므로 그 결심을 행동으로 옮길 수 있는 것이기도 하다. 고결함이나 자부심 같은.

어떻게 나의 지지자를 만들 것인가

'100대 기업에서 임원이 되려면 동료 105명을 제쳐야 한다'는 기사가 나온 적이 있다. 열심히 하다보면 언젠가는 그렇게 될 것이라고 믿어보기로 한다. 하지만 '열심히'만으로는 부족하다.

사람의 일이란 게 그렇다. 어느 정도까지는 실력이지만 '결정적 지점'에 이르면 결국 인간관계에 달려 있는 것이다.

동료들에게 자주 고민을 털어놓으며 자문을 구하는 이(A라고 하자)가 있다. 동료들은 성심껏 위로해주고 충고를 아끼지 않았으나 가끔은 그가 성가시기도 했다. 차츰 그와 동료들의 고민 상담은 일상의 '소소한 수작'으로 정착되었다. 이런 식의 수작에 대해 라 로슈푸코는 일침을 놓는다.

> 충고를 구하거나 해주는 것만큼 엉터리 짓이 없다. 구하는 쪽은 제법 진지하게 충고를 듣고 있는 것처럼 보이지만 속셈은 다르다. 상대로 하여금 같은 의견을 갖도록 만들어 자기의 증인으로 삼겠다는 생각밖에는 갖고 있지 않은 것이다. 충고를 해주는 쪽도 나름의 속셈을 갖고 있다. 충고를 부탁해온 기대에 보답하는 정도의 성의를 표시하면 그만이다. 충고를 해주면서도 자신에게 돌아올 명예나 이익 혹은 손해를 따지느라 분주하다.
> ● 라 로슈푸코

A는 정말로 어찌해야 할 바를 몰라서 동료들의 충고를 구하는 게 아니었다. 라 로슈푸코의 지적과도 일맥상통한다. 동료들을 자신의 확고한 지지자로 만들기 위해서였다.

흔히 '나를 도와주는 사람이야말로 내 편'이라고 생각하는 경향이 있다. 그러나 심리학자들에 따르면 그 반대일 경우가 많다. 사람은 도움을 받을 때보다는 오히려 베풀 때 같은 편으로 인식하는 정도가 강하다는 것이다. 그렇다면 A는 사람들의 마음속을 꿰뚫고 있는 셈이다. 물론 A 역시 다른 이가 신호를 보내올 때에는 도움 주기를 마다하지 않는다.

주변을 돌아보면 A 같은 사람이 간혹 눈에 들어온다. 뭔가를 자주 묻고 어리바리해 보이면서도 일처리 하나는 나무랄 데 없이 해놓는다. 경쟁자라는 생각이 들지 않으며 그가 난처해할 때에는 다른 일을 미뤄놓고 돕게 된다. 그런데 A같은 사람에게도 선뜻 도움을 청하기 어려운 상대가 있다. "주제넘은 짓 하지 말라"며 적대감을 드러내는 이들이다.

> 악의를 품은 사람의 말은 반대로 해석해야 한다. 그들이 말하는 긍정은 부정으로, 부정은 긍정으로 받아들여야 한다. 그들이 강하게 비난한다면 실제로는 당신을 최고로 여기기 때문이다.
> ● 그라시안

라 로슈푸코와 그라시안이 살았던 17세기의 유럽은 극심한 혼란기였다. 신교와 구교의 갈등이 이어지는 가운데 귀족들의 몰락 조짐이 나타나고 있었다. 부르주아의 목소리가 커지며 내전과 반란이 꼬리를 물고 이어졌다.

아버지와 아들이 등을 돌렸고 가장 친했던 벗이 자기 이익을 위해 적과 내통했으며 당장의 위기를 모면하기 위해 적수와 손을 잡아야 했다. 어느 누구도 믿을 수 없는 불신의 시대이자, 내일의 안위를 기약할 수 없는 불안의 시대였다. 일부 지식인들은 이런 혼란 속에서 불안과 욕망 사이를 오가는 '날것 그대로'의 인간의 마음을 통찰했다.

오늘날도 양상이 크게 다르지 않다. 목숨만 걸지 않았을 뿐

불꽃 경쟁은 일상이 되어 있다. 비교와 승리만을 마법의 거울로 삼은 이에게 경쟁자는 곧 장애물이자 방해 요인이다.

기업 내 경쟁은 실적 경쟁에서 차츰 권력투쟁으로 축을 옮겨 간다. 높은 자리에 올랐다고 끝이 아니다. 잔혹한 경쟁이 숨 쉴 틈 없이 벌어진다. 더 많은 책임을 져야 하기 때문이다.

회사 고위층의 권력투쟁은 중학생 소녀들의 왕따 시키기와도 양상이 비슷하다. 수시로 연합전선을 바꿔가며 어느 한쪽을 배제시킨다. 성공한 노신사들끼리의 이사회 논쟁에 고담준론이 오갈 것이라고 생각하면 오산이다.

그들이라고 신입사원 시절 품었던 '이상'을 까맣게 잊은 것은 아닐 게다. 옛 생각이 날 때면 자기도 모르게 얼굴이 벌게져 창피할 때도 있을 것이다. 하지만 샐러리맨의 이상도 일단 살아남은 뒤에야 펼칠 수 있다.

권력투쟁에는 온갖 권모술수가 동원된다. 그렇게까지는 하고 싶지 않은 사람이라도 스스로를 지켜내기 위해선 기본 정도는 인식하고 있어야 방비할 수 있다.

> 지혜로운 사람은 상대의 악의를 알아차리고 그것을 호의로 바꾼다. '눈에는 눈'으로 악의를 되갚아주는 것은 누구나 할 수 있다. 하지만 자기 평판을 해쳐온 사람을 옹호자로 바꾸는 것은 상대를 꿰뚫어보는 통찰력과 인내 없이는 불가능하다. 그러니 악의를 가진 사람에게는 오히려 호의를 베

풀어 감사의 마음을 갖게 하라.
● 그라시안

사람과 사람 사이의 관계 전략에 웬만큼 이골이 나면 비로소 보이는 게 있다. 회사 선배나 동료, 경쟁자에서부터 친구와 가족에 이르기까지 모두가 '자기 이야기를 들어주고 맞장구 쳐주는 상대'를 원한다는 것이다. 같은 편이라는 확인이 필요하고 그래야 안심할 수 있기 때문이다.

이보다 관계 은행의 계좌를 풍성하게 만드는 더욱 확실한 방법은 '도움을 주고받는 것'이다.

우선 상대의 의중을 알아차리는 게 먼저다. 그래야 상대가 나를 돕고, 또 내가 상대를 도울 수 있는 적절한 기회를 포착할 수 있다. 나는 그의 도움을 받아서 고맙고, 그는 돕게 해줘서 내게 고마울 것이다.

먹물을 내뿜는 오징어처럼

 어느 직장에나 별로 특출한 것 없이 그저 둥글둥글해 보이는 선배들이 있다. '나는 특별하다'는 환상을 품은 직장 초년생 시절에는 그 둥근 부분이 가장 먼저 눈에 들어오기 마련이다. 고생 끝에 들어온 첫 직장에 '좋은 게 좋은 거 아니겠어' 느낌의 선배가 폼 나고 번듯한 일을 차지하고 있으니 아니꼬울 수밖에 없다.

 반면 나는 단지 신입이라는 이유로 하나마나한 잡일을 떠맡는다. 생각 같아서는 선배의 일을 빼앗고만 싶다. 몇 배는 잘할 수 있을 것 같다.

 그러다 몇 번 쓴맛을 보고서야 어쩔 수 없이 스스로가 헛똑

똑이임을 인정하고야 만다. 선배보다 아는 게 훨씬 많다고 자부했지만 사실 제대로 아는 것은 하나도 없다. 애초에 책이나 인터넷에서 얻은 어설픈 지식이 수년간 발품을 팔아 터득한 선배의 경험을 능가할 턱이 없다.

선배가 '엽전 스타일'임을 깨닫게 되는 것도 바로 이때쯤이다. 엽전처럼 둥그런 모양이어서 무골호인처럼 보이지만, 중심부는 네모로 각이 잡혀 있다. 겉만 보고 만만하게 여겼다가는 호되게 당하는 수가 있다. 노자도 말한 적이 있다. 큰 지혜는 어리석어 보이기 마련이라고.

> 겉으로는 모자란 듯 보여도 속으로는 현명한 사람들이 있다. 이들은 상황에 맞춰 상대가 알아듣는 언어로 말하는 기술을 알고 있다. 다른 사람의 호감을 얻기 위해서는 적당히 어리석은 척할 줄도 알아야 한다. 때에 따라서는 어리석은 척하는 사람이 어리석은 것이 아니라, 어리석은 척하지 않는 사람이 어리석다.
>
> ● 그라시안

겉과 속이 다르면 '음흉하다'는 의심에서 자유롭지 못하다. 그럼에도 역사는 간혹 이런 사람들에게 상상 이상의 선물을 안겨주곤 한다. 예컨대 한나라를 세운 유방이 그렇다. 그는 변변한 직업 한번 가져본 적 없이 큰소리만 치고 다니던 시정잡배였다. 어쩌다 군사를 일으켜 큰일을 도모하게 되었지만 항우에 비하면 존재감도 없었다.

유방은 힘을 길러 항우에 맞서고 판판이 깨진다. 목숨을 구걸하고는 힘을 길러 다시 도발하기를 반복한다. 예의도 염치도 없어 보인다. 그런데 운명은 유방의 손을 들어준다. 항우를 물리치고 중국 대륙의 황제가 된 것이다.

반면 항우는 좋은 가문 출신에 용맹하기로 이름이 높았다. 불한당 출신 유방의 피를 자기 칼에 묻힌다는 것을 수치로 여길 정도로 명예를 소중하게 여겼다. 그는 속마음을 감출 줄을 몰랐다. 전투에서 이겨놓고도 유방의 '약한 척', '불쌍한 척'에 번번이 당하기만 했다. 그 결과 천하를 놓치고 비운의 죽음을 맞게 된다.

인물의 됨됨이를 놓고 보면 유방은 항우의 발끝에도 미치지 못할 것이다. 그러나 유방은 항우의 속마음을 읽었고, 자기 마음은 항우가 간파할 수 없도록 숨겼다. 항우의 명예욕을 자극해 '시정잡배 출신'을 우습게 여기도록 한 것이다.

사람들은 상대가 드러내는 감정을 통해 그의 생각을 읽어낸다. 따라서 속마음을 드러내지 않는 것만 한 지혜가 없다. 말과 행동을 아껴 사람들의 호기심을 물리쳐라. 사람들이 집요하게 당신의 생각을 알아보려고 할 때는 먹물을 내뿜은 오징어처럼 당신의 생각을 감추어라. 알지 못하게 하고 예측하지 못하게 하라. 자신의 패를 보여주고 카드게임을 하는 사람은 가진 돈을 금방 잃게 된다.

● 그라시안

결정적으로 유방은 수많은 장군들, 병사들과 동고동락하며 그들의 마음을 읽었으나 뼛속까지 귀족이었던 항우에겐 그럴 이유가 없었다. 우리가 유방에게서 배워야 할 가장 중요한 대목이 바로 '포커페이스' 아닐까 싶다. 선배나 동료의 쓴소리 몇 마디에 얼굴이 금방 일그러지는 순박함으로 인해 그동안 인간관계에서 입었던 손해가 적지 않았으니 말이다. 가끔은 경쟁자의 실수에 안도하는 감정이 그대로 드러나는 바람에 곱지 않은 눈길을 받은 적도 있다.

표정 관리가 곤란할 때마다 오징어처럼 까만 먹물을 뿜어내어 속마음을 감출 수 있다면, 어울려 사는 데 큰 도움이 될 것이다. 남보다 우월하게 보이지 않으며, 그렇다고 만만하게 여겨지지도 않을 만큼의 포커페이스라면, 매의 눈으로 약점을 탐색하는 공격자로부터 나를 지켜낼 수 있다.

때로는 모자란 척함으로써 남들에게 '부담스러운 경쟁자' 또는 '위협 요인'으로 여겨지지 않을 수 있다면 더욱 좋을 것이다. 속내를 감추는 능력은 한마디로 '대단해 보이지는' 않는다. 이런 능력으로 뭔가를 시원하게 이룰 수 있는 것도 아니다.

하지만 사람들 사이에서 곤란한 일을 몇 차례 겪고 나면 자신을 감춘다는 게 결코 간단치 않음을 새삼 느끼게 된다. 예컨대 들키고 싶지 않은 생각이나 느낌을 누군가가 잡아채는 바람에 얼굴이 벌겋게 달아오를 때가 그렇다.

예기치 않은 상황에서 자기 마음을 다스리는 데는 평소의 꾸준한 자기관리가 필요하다. 얄팍한 요령 몇 가지를 머릿속에 넣고 있어봐야 금세 그것까지 간파당하고 만다.

괜찮은 친구와 아닌 친구

조직의 생사를 위협하는 위기가 닥친다. 동료들이 합심 단결하여 바위 같은 고난을 헤쳐나간다. 모두가 서로를 위해 기꺼이 헌신한다. 큰일을 이뤄내기 위해 자기보다 동료와 전체의 입장을 먼저 생각한다.

미디어를 통해 자주 볼 수 있는 스타트업 기업 모델의 전형이다. 이상적이며 낭만적인 풍경이 아닐 수 없다. 하지만 이처럼 고결한 문화가 거저 얻어지는 것은 아니다. '뜨거운 동료애'라는 화학적 요소와 '함께한 세월'이라는 물리적 요소, 여기에 지향점이 같다는 동질성까지 혼연일체가 되어야 비로소 가능한 일이다.

그런데 이처럼 드라마틱한 반전에 어울리는 포인트를 꽤 갖추었다 할지라도 세상은 그런 성공을 쉽게 허용할 만큼 호락호락하지 않다. 헌신적인 동료애도 거듭되는 실패에는 버틸 재간이 없는 것이다. 사업에서 부침을 겪었던 사람들의 경험을 들어보면 대개는 비슷하다.

> 여유 있을 때에는 남의 호의를 쉽게 얻고 친구도 넘쳐난다. 하지만 어리석은 사람은 그럴 때 친구들을 보지 못한다. 그러다가 불행에 처하면 모두가 모르는 척하고, 아무도 도와주지 않는다.
> ● 그라시안

그라시안의 지적대로다. 어려울 때 비로소 알아볼 수 있는 게 친구 사이다. 현실에선 동료들을 위해 자기 입장을 순순히 포기하는 친구를 찾기가 말처럼 쉽지 않다. 대부분이 헌신에 앞서 이해타산은 물론 다른 이들이 어떻게 생각할지까지 요모조모 따지며 망설인다.

잘나갈 때에는 친구들의 저의를 의심하며 함부로 대해놓고는, 힘들어진 뒤에야 친구들이 호의를 베풀어줄 것이라고 기대한다. 기대가 실망을 거쳐 미움으로 바뀌는 데는 오랜 시간이 걸리지 않는다.

좌절한 사람 중에는 친구들을 스스로 쳐내는 경우도 있다.

손을 내밀어주는 친구에게서조차 경멸의 눈빛을 발견하려 한다. 그리고는 등을 떠민다. 고립을 자처한 뒤로는 힘들 때 연락할 친구가 하나도 남지 않게 된다.

해소되지 못한 독선과 아집의 적대감이 마침내는 스스로에게로 향한다. 고립과 외로움만큼 두려운 게 없다. 속내를 털어놓고 위로 한마디 받을 누군가가 없다는 건 그 어떤 비극보다도 참혹하다.

> 어느 누구도 마음에 들지 않는다는 사람은, 그 누구의 마음에도 들지 않는 사람보다 훨씬 불행하다.
> ● 라 로슈푸코

그렇다면 지금 내 친구들은 어떨까. 나는 그들에게 어떤 친구일까.

친구라고 다 같은 친구가 아니다. 대개는 '괜찮은 친구'와 '좀 아닌 친구'가 뒤섞여 있다. '좀 아닌 친구'는 어떤 계기가 주어질 경우 낯빛을 바꿀 공산이 크다.

괜찮은 친구와 '좀 아닌 친구'를 가르는 기준에는 세 가지가 있다.

첫 번째는 이익이다. 친구 관계에서 오로지 자기 이익만을 우선시한다면 '좀 아닌 친구'일 수 있다. 이런 사람은 대개 의도를 가지고 이야기를 꺼낸다. 금전적 이익만 이익이 아니다. 대화를 자기 의도대로 끌고가 우월감을 누리는 것도 엄연한 이익이다. 반면 괜찮은 친구는 이익보다는 어울리는 즐거움과 편안함을 추구한다.

두 번째는 '자기'의 비중이다. '좀 아닌 친구'는 모든 초점을 자기에게만 맞춘다. 대화의 중심에 서야 직성이 풀리고, 다른 이를 들러리로 세우려 한다. 우정이라는 미명하에 모두가 자기를 위해 기꺼이 양보해야 한다는 믿음을 가지고 있다.

이에 비해 괜찮은 친구는 '다초점'이다. 다른 이의 이야기를 참을성 있게 듣고 의견이 다르다고 해서 "틀렸다"고 규정하지 않는다. 아이러니하게도 온화한 성격의 괜찮은 친구는 공격적 성향의 '좀 아닌 친구'를 당해내기 어렵다. 괜찮은 친구가 모임에서 갈등이 빚어질 경우 회피하려 드는 반면, '좀 아닌 친구'는 의도적으로 그런 상황을 만들어 주도권을 확보하고야 만다.

세 번째는 양심이다. '좀 아닌 친구'는 잘못을 저질러놓고도 사과하는 법이 없다. 뻣뻣하게 고개를 들고는 어색해진 관계에 대한 책임을 조금도 지려 하지 않는다. 다른 이의 영역을 존중하지 않으며 멋대로 침범하고, 마음 약한 이가 대응하지 못하면 자기 밑으로 편입시켜 지배하려 든다.

어리석은 사람은 모든 것을 혼자서 하려다 결국에는 비난과 증오의 대상이 되고 만다. 반면 지혜로운 사람은 어려움을 나눌 수 있는 사람과 함께한다. 두 사람이 손을 잡으면 불운도, 사나운 군중도 그들에게 대항하지 못한다. 불운과 슬픔은 두 사람이 분담하면 반으로 줄어들지만, 혼자서 당하면 두 배로 커진다.

● 그라시안

관계란 엄밀하게 보면 '주고받는 것'이다. 다른 이를 위해 나의 가치 중 일부를 희생하지 않으면 얻을 수 없다. 설혹 다른 이를 희생시켜 오로지 받기만 한다 해도, 그 대가를 유예하고 있을 뿐이다. 언젠가는 몰아서 좌변과 우변을 맞출 날이 오게 되어 있다.

'어떻게 살아가야 할 것인가' 하는 고민은 결국 불확실하기에 두려울 때도 있는 미래를 과연 '누구와 함께 어떻게 만들어 나갈 것인가' 하는 문제와 맞닿아 있다. 그래서 질문은 다시 처음으로 되돌아온다.

어떤 친구를 만나 함께할 것인가. 또한 나는 그들에게 어떤 친구가 되어줄 것인가.

한 번에 조금씩, 자주, 무심하게

승부란 원래 비정한 것이다.

강자는 평등이나 평화를 추구하기 어렵다.

강자의 속성이 그렇다. 숱한 대결을 벌여 강자가 되었으니 끝없이 도전해오는 경쟁자에 맞서야 하는 것은 숙명이다. 호시탐탐 기회를 노리는 예비 경쟁자들에게 본때를 보여주기 위해서라도 잔인하게 짓밟아야 할 때도 있다.

하지만 사람 심리라는 게 단순하지는 않아 한쪽으로 너무 기울면 무의식의 추를 옮겨 균형을 잡으려는 경우가 많다. 양처럼 선량했던 시절을 떠올리며 늑대의 탈을 잠시나마 벗게 되는 것이다. 이럴 때 누군가 힘겨워하는 모습을 보면 자기도 모르게 나서서 손을 내밀게 된다. 베풀기 위해 도움을 필요로 하는 이를 적극적으로 찾아 나서기도 한다.

> 지혜로운 사람이 좋은 평판을 듣는 것은 대가 없이 먼저 베풀기 때문이다. 먼저 베풀면 두 가지의 이점이 있다. 하나는 상대에게 긴요할 때 베풀어줌으로써 관대한 사람이 될 수 있으며, 다른 하나는 먼저 베풀면 호의가 되는 반면 나중에 베풀면 갚음에 불과하다는 것이다.
> ● 그라시안

먼저 베푸는 호의가 언제나 인정을 받는 것은 아니다. 때로는 잘해주고 상처를 받을 때도 있다.

어떤 여성이 대학 선배의 투병 소식을 듣고 문병을 갔다. 항암 치료를 앞둔 선배는 샴푸 모델처럼 아름답던 머리카락을 짧게 자른 채 실의에 잠겨 있었다. 그녀는 선배가 안쓰러워 혹시 필요한 게 있는지 물어보았다. 선배는 "책을 읽고 싶다"고 했다.

문병차 선배를 다시 찾았을 때 그녀는 희망을 주는 이야기들을 준비해 들려주었다. 얼마 후, 선배가 집에서 요양 중이라는 소식이 들려왔다. 반가운 마음에 좋은 책들을 몇 권 골라 택배로 보내주었다. 빠른 회복을 기원한다는 손글씨 카드도 잊지 않았다. 그렇게 몇 번에 걸쳐 선배에게 책을 보냈다.

그런데 어느 날 선배로부터 이런 문자 메시지를 받았다.

"이제 책 그만 보내줄래? 버릴 거라면 그냥 재활용 쓰레기로 내놔."

그녀는 문자를 보고는 망연자실했다. 힘이 되어주고 싶었던 선배에게 느닷없이 따귀를 맞은 꼴이었다. 며칠 동안 문자를 보면서 그 의미를 곱씹었다.

그녀는 그저 좋은 일을 한다고 믿었지만 선배는 자존심이 상했던 것이다. 무시당했다고 생각했을 수도 있고, 동정심을 넘어선 우월감이나 오만함을 발견했을 수도 있다. '얼마든지 보내줄 테니까 내가 정해주는 책을 읽어' 같은. 설혹 본심이 그렇지 않았더라도 말이다.

> 간혹 은혜를 베푼 사람의 기대에 어긋나는 일이 생기곤 하는데, 이는 베푼 쪽의 자존심과 받은 이의 자존심 사이에 무언가 계산이 맞지 않기 때문이다.
> 인간은 은혜나 모욕을 망각하기만 하는 게 아니다. 은인을 미워하는가 하면, 더없는 모욕을 안겨준 상대를 감싸는 경우도 있다.
> ● 라 로슈푸코

베푸는 사람의 뜻이 아무리 순수하다 해도 받아들이는 사람에게 그 의도가 제대로 전달되지 않는다면 소용이 없다. 설불리 동정심에 사로잡혔다가는 오히려 은혜가 '복수의 화살'이 되어 돌아오기도 한다.

경쟁자와의 승부에서 무정해질 필요도 있다. 상대를 위하는 마음에서 호의를 베푼다 한들, 좋지 않은 결과로 돌아올 게 뻔할 때에는 나의 안위를 지켜내기 위해서라도 무자비 외에는 답이 없는 것이다. 그럼에도 '나쁜 사람'이 되고 싶지는 않은 우리를 염려해 정약용 선생은 〈여유당전서〉를 통해 이렇게 충고한다.

"사내는 모름지기 수리매처럼 사나운 기질과 도적처럼 억척스러운 기상이 있어야 한다. 이런 재목은 규율로 잘 다듬으면 쓸모 있는 인재가 될 수 있다. 착하고 순해빠지기만 한 자는 제 몸 하나 착하게 하는 데 그칠 뿐이다."

그런데 '참다운 호의'는 무심함 혹은 무정함과도 묘한 맥락으로 이어져 있다.

은혜를 베풀고는 그것으로 끝내는 것이다. 굳이 이해타산을 따진다면, 베풀 때의 자기만족으로 두 사람 사이 대차대조표 양쪽을 맞춤으로써 더 이상 줄 것도 받을 것도 없는 상태로 만들어놓는다고나 할까.

큰 것을 내놓을 줄 아는 사람들이 특히 그렇다. 그들은 라 로슈푸코의 가르침을 이미 경험을 통해 터득하고 있다. "작은 은혜는 대부분의 사람들이 기꺼이 갚는다. 중간 정도의 은혜는 꽤 많은 이가 감사해 한다. 하지만 커다란 은혜에는 거의가 배은망덕이다."

베푼 사람이 오히려 빚쟁이처럼 부담스러울 때가 있다. 은혜에 대한 감사의 마음에도 유효기간 같은 게 있어서 시간이 지나고 나면 고마움이 점점 불편한 짐으로 바뀔 가능성이 있기 때문이다.

자연을 보면, 사람의 발길만큼 무서운 게 없다는 생각이 들 때가 있다. 특히 나무와 풀이 무성한 산에 사람들이 내놓은 오솔길이 그렇다. 사람들이 자꾸 밟는 그 길에는 잡초마저 피지 못한다. 사람 사이의 호의 역시 비슷하지 않을까 싶다. 덕을 입은 상대에게서 감사의 마음을 확인하려들수록 잡초도 자라지 않는 팍팍한 바닥만 느껴질 뿐이다.

그러면 어떡하라는 말인가? 그라시안은 이렇게 조언한다. 가랑비처럼 "은혜인 듯 은혜가 아닌 듯한 은혜"를 베푸는 지혜를 터득하라는 얘기다.

> 신은 자신의 조각상을 만든 조각가를 보고 싶어 하지 않는다. 마찬가지로 은혜를 입은 사람은 베푼 사람이 가까이 있는 것을 부담스러워한다. 좋은 관계를 오래 이어가기 위해선 '한 번에 조금씩, 그리고 자주 주는 것'이 현명한 태도이다.
>
> ● 그라시안

'정치적'이라는 것의 의미

어쩐지 인정해주기 싫은 부류의 사람들이 있다. 윗사람한테 잘 보이고 달변인데다 누구 앞에서든 능수능란한, 한마디로 정치적인 사람들이다. '정치적'이라는 단어는 그 자체로 어쩐지 꺼림칙하다. 실력으로 승부하지 않고 정당하지 않은 방법을 동원해 혼자만 지름길로 슬쩍 빠지는 뉘앙스가 느껴진다.

정치적인 선배나 동료들의 공통점 가운데 하나가 면전에선 남의 의견에 반박하지 않는다는 것이다. 그라시안은 이런 사람들에겐 귀 기울이지 말라고 충고한다.

당신의 의견에 반박하지 않는 사람을 대단하게 생각하지 마라. 그가 그러는 이유는 당신을 사랑해서가 아니라 자신만 사랑하기 때문이다. 반면 비판, 특히 지혜로운 이의 비판은 명예로 여겨라. 어느 누구도 당신의 의견을 비판하지 않는다면 심각하게 고민해봐야 한다. 그것은 당신의 생각이나 견해가 아무런 가치가 없다는 뜻이기 때문이다.

● 그라시안

그런데 이상한 일이다. 직장에서는 말 잘하는 정치적인 사람을 미워하면서도, 다른 곳에서는 입에 발린 말을 일삼는 이들을 가까이에 두려고 한다.

SNS 대화만 봐도 그렇다. '멋지다', '좋겠다', '부럽다'처럼 상대를 치켜세우는 말이 태반이다. 네트워크로 연결되어 누구와도 24시간 사탕발림을 주고받는다. 바야흐로 입에서 솜사탕을 뽑아내는 사람들의 전성시대다.

학자들은 "남을 통해 자신을 확인하는 세상이 되었기 때문"이라고 분석한다. 경쟁과 승부가 우선인 세상을 살아가다 보니 대다수가 어린 시절부터 타인의 평가를 통해 인정과 칭찬, 사랑을 받는 데만 익숙해졌다는 것이다.

그래서인지 우리는 늘 누군가의 호의적 평가와 인정을 갈구하며 그 과정을 통해 자존감을 확인하려 든다. 남의 의견과 평가를 거치지 않고서는 내가 누구인지 알 수 없게 되었다.

100여 년 전만 해도 스스로가 어떤 사람인지를 놓고 고민할 이유가 없었다. 정해진 신분에 따라 농부든 상인이든 아버지, 어머니로부터 물려받은 일을 하면 그만이었다. 나에 대한 남의 평가 또는 남에 대한 나의 평가를 놓고 고심하는 것은 극소수의 사람들 사이에서나 일어나는 일이었다.

> 궁정에서 다른 이에 대해 좋게 말하는 데는 두 가지 이유가 있다. 첫째는 자신이 그를 칭찬하고 있다는 것을 당사자에게 알리기 위해서, 둘째는 당사자 또한 자신에 대해 좋게 말하도록 하기 위해서이다.
> ● 라 브뤼예르

그러나 이제는 '뭘 어떻게 해야 괜찮은 것인지', '이렇게 사는 게 좋은 삶인지'에 대해 국민 모두가 자기 삶과 남들의 삶을 늘어놓고 비교하는 시대가 되었다. 나의 적성을 찾아 30여 년에 걸친 삶의 전반부를 보내놓고도 여전히 나를 모른다. 나와 다른 남들의 삶을 보면서 끝없이 흔들린다. 다들 자기 삶을 찾아가고 있는 것 같은데 혼자만 엉뚱한 길을 가고 있는 것 같다.

이런 증상이 지속되면 자기 정체성이 수시로 혼란에 빠진다. 뭔가를 하면서도 정말 하고 싶은 일은 따로 있을 것만 같은 느낌이다. 지금의 나는 내가 아닌 것 같다. 그래서 다른 이들이 봐주는 나를 통해 확인하고서야 일시적인 안심 모드에 들어간다. 결과적으로 위로와 치유가 삶의 일부가 되었다. 마음 아플 일이 그만큼 많아졌다는 의미이기도 하다.
 정치적인 사람들은 이와 같은 심리를 잘 읽어내는 부류다. 남의 마음속 비어 있는 부분을 채워주면서 궁극적으로는 자기에게 돌아올 높은 평가를 빼놓지 않고 챙긴다.

> 우리가 남의 장점을 크게 떠들어대는 것은, 그에게 경의를 표한다기보다는 오히려 우리들 자신의 식견을 돋보이려는 의도에서다. 타인을 칭찬하고 있는 것 같지만 실은 자신이 칭찬 받고 싶은 것이다.
> ● 라 로슈푸코

 어느 조직이든 목표를 달성하기 위한 방법을 둘러싸고 의견이 분분하기 마련이다. 또한 한정된 자원을 어떻게 배분할 것인지를 놓고 경쟁이 벌어질 수밖에 없다. 성과가 보장되어 있는 업무를 누가 맡을지에 대해서도 의견이 갈린다.
 이럴 때 필요한 게 바로 정치다. 꼬인 관계를 푸는 데는 물론, 손해볼까봐 부루퉁한 쪽을 설득하여 일이 되도록 만드는 대화와 타협의 기술이 필요하다. 어느 누군가 나서서 그것을 중재해야만 한다.
 권모술수나 험담, 남을 밟고 올라서기 같은 행태는 정치의 그림자 속성이다. 모든 것에는 밝은 면과 어두운 면의 양면성이 있기 마련이다. 경쟁자의 정치는 내게 해롭지만, 나의 정치는 아끼는 동료와 후배를 지켜줄 수 있는 능력 가운데 하나이기도 하다. 그런데 정치 감각이 탁월한 사람들을 유심히 지켜보면, 참여자 모두를 주인공으로 만들어주는 놀라운 능력을 발휘한다. 대립하는 당사자들에게서 공통분모를 찾아내어 그것에 집중함으로써 타협의 실마리를 나누어 쥐도록 이끈다. 물론 그 과정에서 본인 또한 사람들의 추앙을 받는 스타가 되기도 한다.

> 대화의 재능은 스스로 과장해 드러내 보이는 데 있는 것이 아니라, 오히려 타인에게 자신의 재능을 찾아내도록 이야기를 통해 이끌어준다는 점에 있다. 스스로도 찾아내지 못했던 자신의 기지와 만족을 당신과의 대화에서 찾아낸 사람은, 당신에게 완전히 빠져들게 된다.
> ● 라 브뤼예르

최고 수준의 대화 능력은 다른 이의 좋은 점, 때로는 당사자조차 인식하지 못했던 장점을 찾아내어 그로 하여금 기탄없이 발휘할 수 있도록 만족스러운 분위기를 조성하는 것이다.

탁월한 경영인들 중에는 이런 능력을 가진 사람들이 많다. '경영의 대가'로 불리는 앤드류 카네기나 마쓰시타 고노스케, 이나모리 가즈오 같은 이들은 수시로 대화의 시간을 가지며 조직 구성원들의 다양한 재능을 끌어낸 것으로 유명하다.

허드렛일을 통해 얻을 수 있는 것

사업을 했다가 실패한 경험이 있다. 출발은 남들과 별 차이가 없었다. 작게 시작해 튼실하게 키우는 쪽으로 꿈만 창대했다. 버티다 보면 대박의 기회를 만날 수도 있을 것 같았다.

시간이 흐를수록 사업은 기울기만 했다. 속마음은 이미 두려움에 함락당한 상태였다. 괜한 짓을 했구나, 후회도 했다. 이제라도 백기를 들어야 하는 건 아닌지. 하지만 그 두려움을 오기가 눌러버렸다. 망할 때 망하더라도 끝까지 가보자는 생각이었다.

> 운이 따르지 않는 시기가 있다. 제대로 되는 일이 없고, 애를 써도 좀처럼 상황이 바뀌지 않는다. 이럴 때는 몇 번 운을 시험해보고 아니라는 생각이 들

면 손을 떼라. 어떤 일이든 적절한 시기에 해야 좋은 성과를 거둘 수 있다.

● 그라시안

사업은 결국 실패로 돌아갔다. 무모하게 벌인 일이었고, 시기도 좋지 않았다. 밑바닥부터 다시 시작해야 했다. 건강까지 악화되어 병원을 들락거려야 하는 처지에 놓였다.

운이 좋지 않을 때에는 이상하게도 마음이 잘못된 쪽으로 끌린다. 위대한 영혼을 가진 이라고 예외가 아니다.

모세도 그랬다. 300만 명이나 되는 이스라엘 민족을 이끌고 이집트에서 탈출해 가나안 땅에 도착했을 때, 그는 열두 명의 정탐꾼을 뽑아 동향을 살피라고 지시했다. 돌아온 이들의 보고는 실망스러웠다. "땅은 비옥하지만 가나안 사람들이 워낙 강건해 싸워도 승산이 없을 것"이라는 얘기였다. 열두 명 중에 두 명만이 "충분히 이길 수 있다"고 말했다.

그때나 지금이나 지친 대중의 마음은 웬만하면 부정적인 정보 쪽으로 끌리기 마련인 모양이다. 이로써 모세와 이스라엘 백성은 눈앞의 가나안 땅에 들어가보지도 못한 채 40년간 광야를 떠돌아다니는 신세가 되었다.

아무리 작은 불운도 무시하지 마라. 불운은 혼자 오는 법이 없다. 처음에는 별것 아닌 듯한 사소한 실수가 치명적이고도 끝이 없는 나락으로 빠지게 한다.

● 그라시안

사업에 실패한 뒤 룸펜 생활을 하다가 언론계로 돌아가 기자 일을 다시 시작했다. 일에 치이는 부서의 팀장을 맡았다. 종일 자질구레한 온라인 기사를 처리하느라 손가락 끝에서 불꽃이 튈 정도로 바쁜 부서였다.

인력 부족에 시달리던 중 신입 여기자를 충원 받았다. 훈련시키는 셈치고 자료를 뒤져 일일이 분석하는 허드렛일을 맡겨보았다. 당연히 싫어할 거라고 짐작했다.

그녀는 용케도 내색하지 않았다. 처음에는 일을 처리하는 데 하루 종일 걸렸다. 일과가 끝나 퇴근할 즈음이면 정리된 표가 이메일로 들어왔다. 고생깨나 했을 터였다. 그런데 얼마 지나지 않아 놀라울 정도로 일의 속도가 빨라졌다. 보기 쉽게 정리한 것은 물론 시키지 않은 항목까지 발견해 체크해놓았다.

시간이 흘러 회사 분위기가 경영진 사이의 반목과 내분으로 흉흉해졌다. 적지 않은 동료가 상처를 안은 채 회사를 떠나고 말았다. 그녀 역시 사표를 내고 다른 길을 걷기로 했다. 결혼해 아이를 낳았고, 바쁜 와중에도 짬을 내어 공부해서 로스쿨에 들어갔다.

지금 그녀는 변호사로 일하고 있다. 공교롭게도 그녀의 첫 직장이 유수의 로펌이었다. 그곳에서 변호사들의 비서로 일하다 기자가 되었고, 우여곡절 끝에 새로운 기회를 만나 변호사로 또 다른 인생을 살아가는 셈이다.

후배의 변신에서 중요한 것을 배웠다. 지혜로운 사람은 별것 아닌 듯한 일에서도 의미를 찾아내고 그것을 자기 방식으로 재해석할 줄 안다는 것. 그렇기에 상황이 좋으면 좋은 대로, 안 좋아지면 또 그런대로 흐름을 탈 줄 아는 것이다.

> 착한 사람이 언제나 승리하는 것은 아니다. 뛰어난 재능도 인정을 받을 때가 있는가 하면 그렇지 못할 때도 있다. 하지만 지혜는 다르다. 지혜는 영원하다. 만일 지혜가 한 시대를 지배하지 못했다면, 그 지혜는 그 다음 시대를 지배할 것이다. 우리는 재능을 쌓기보다 지혜를 얻기 위해 더 많은 시간을 쏟아야 한다.
> ● 그라시안

> 우리는 스스로의 진실한 가치에 의해 뜻있는 사람들의 인정을 받고, 운에 의해 세상의 인정을 받는다.
> ● 라 로슈푸코

대단한 행운아가 아닌 다음에야 누구든 처음은 허드렛일부터 시작하기 마련이다. 떠맡으면 불만이 절로 나오는 그런 일들이 초짜의 몫인 건 당연하다. 하지만 시간이 흐르고 나면 허드렛일이야말로 도道를 터득할 기회라는 것을 알게 된다.

그런 일은 규칙적으로 반복된다는 점에서 수련과도 비슷하다. 어떤 생각으로 일에 임하느냐에 따라 수련이 되기도 하고 시간 낭비가 되기도 한다. 깨달음은 지루한 반복의 빈틈을 잠깐 사이에 지나친다. 뻔한 일상에서 그런 각성을 잡아채면 그게 바로 행운이다.

전문직이라고 허드렛일을 피할 수 없다. 의사도 처음에는 온갖 궂은 심부름부터 한다. 법조계 전문가도 신입 시절에는 방대한 자료와 문서의 먼지투성이 속을 헤매야 한다. 신입 기자도 소감 한마디를 듣기 위해 유명인의 집 앞에서 밤새 기다린다. 무의미해 보이는 하찮은 일 속에서 의미와 보람을 낚아채는 습관을 이렇게 기르는 것이다.

> 자신을 믿는 사람들은 불운을 명예로 삼는다. 자기는 가혹한 운명의 포로가 될 정도로 값어치가 있는 사람이라고 타인에게 자랑하며 자신 또한 타이른다.
>
> ● 라 로슈푸코

모세의 엑소더스도 따지고 보면 양치기라는 허드렛일에서 비롯되었다. 모세는 대탈출을 감행하기 전까지 오랫동안 광야에서 양치기로 살았다. 매일 양들을 돌보며 각각의 됨됨이나 무리 짓기 습성, 다툼 등을 관찰했고, 그 노하우를 바탕으로 이스라엘 민족 대이동을 이끌어낸 것이다. 그러니 '행운은 스스로 준비하는 자의 것'이라는 말이 틀린 게 아니다.

살면서 무언가 꽉 막혔다는 생각이 들 때면 일손을 놔버려야 한다. 모든 것을 잠시 접어둔 채 허드렛일, 혹은 단순 노동으로 시간을 보내는 것이다. 이리저리 쌓여 있는 책의 탑들을 모조리 무너뜨리고 책장의 책들을 끄집어내 엉망을 만든다. 그런 후에 다시 정리하기 시작한다. 버릴 것, 남에게 줄 것, 다시 꽂아둘 것을 분류해보는 것이다.

며칠간 그것에만 집중하다 보면 엉뚱한 생각 하나가 스쳐지나가고, 다른 방향으로 다시 시작해봐야겠다는 의지가 정리된 공간을 새롭게 채워가는 것을 느낄 수 있다.

고생 끝에 얻는 지혜, 그만한 행운이 없다. 그래서 어떤 사람들은 새롭게 도전할 때마다 일부러라도 좀 더 가혹한 상황 속으로 자신을 내던지는 모양이다.

행운을 오래 지켜내려면

 황무지를 지나온 가젤 무리가 풀이 무성한 호숫가를 발견했다. 운이 좋았다. 그들은 굶주려 있다. 그럼에도 경계를 늦추지 않는다. 안전하다는 것을 확인하고서야 흩어져 풀을 뜯는다.
 저 멀리서 사자 몇 마리가 나타났다. 그들은 먼 거리에서 지켜보기만 한다. 배가 고프지만 꼼짝 않고 기다린다. 가젤들이 풀을 뜯고 물을 마셔 충분히 배가 부를 때까지.
 사자들의 모습이 가젤 무리에게도 보인다. 하지만 꽤나 먼 거리다. 두려움도 잠시뿐. 그보다는 며칠 만에 찾아낸 풍성한 먹이가 먼저다. 배가 부르면 여유가 생기기 마련이다. 적어도 이 순간만은 가젤들에게 세상이 아름다워 보일 수 있다. 하지만 멀리 있던 사자들이 사라졌다 싶은 순간, 바로 옆에서 날카로운 이빨이 달려든다. 세상은 야만적이기도 하다.

> 뛰어난 노름꾼은 돈을 따고 있을 때 노름을 그만둔다. 성공적인 퇴각은 용감한 공격 못지않은 탁월함이다. 충분한 성과를 올렸다면, 혹은 엄청난 성과를 올렸다 하더라도 적당한 시기에는 그만둘 줄 알아야 한다.
> ● 그라시안

선친이 물려준 주택 한 채로 크게 성공했던 남자가 있다. 그는 평범한 회사원이었는데 "집을 팔라"는 전화가 자주 걸려오자 의문을 갖게 되었다. 확인해보니 그 일대에 개발 계획이 추진 중이었다.

그는 전문가를 끌어들여 옆집과 뒷집 등 집주인들과 함께 시행사를 만들어 주상복합 건물을 짓기로 했다. 설계 및 관청 인허가 등 사업이 일사천리로 추진됐다. 분양도 성공적이었다. 집주인 다섯 명이 엄청난 돈을 벌었다. 공사가 한창 진행 중인데, 의기양양한 멤버들은 다음 사업을 계획해 착수에 들어갔다. 어차피 공동으로 회사를 세운 만큼, 다른 곳에 땅을 사들여 더욱 큰 규모로 개발하기로 한 것이다.

이것이 실패의 발단이었다. 분양으로 벌어들인 돈을 땅 사는 데 쏟아부은 순간부터 자금 흐름이 꼬이기 시작했다. 결국 공사 대금을 받지 못한 건설사가 법원에 압류(계약자 중도금 및 잔금 대상)를 신청하고 말았다.

부동산 사업을 시작하기 전, 다섯 멤버는 제각각 넓은 정원을 가진 집주인들이었다. 사업이 궤도에 오르자 그들은 순식간에 '자산가' 반열에 올랐다. 하지만 이어서 벌인 사업이 실패하면서 그들 모두 거액의 빚을 진 신용불량자로 전락했다.

배를 가득 채우기 전, 아직 배가 덜 찼다 싶을 때가 얼른 떠나야 할 때라는 사실을 깨닫지 못하는 것은 비단 가젤들뿐만이 아닌 모양이다. 사람은 누구나 대단한 일을 이루고 나면, 모든 게 자기 능력과 노력 덕분인 줄 안다. 그 다음 차례에도 당연히 그런 성공을 거둘 것이라고 믿는다.

> 사람들은 행운의 절정에서, 그들을 그곳까지 올라가게 만들어준 똑같은 이유로 인하여 흔히 굴러 떨어진다.
> ● 라 브뤼예르

권력이라는 행운이 가장 극적이다. 행운을 얻기 전에는 막연하게 상상한다. 권력을 잡고 휘두르게 되면 평안을 얻을 수 있을 것이라고. 그리고는 원하는 바를 이루고 나서야 깨닫게 된다. 한시도 마음을 놓을 수 없다는 것을.

권력을 가진 이의 주변에는 그것을 빼앗으려는 무리가 늘 배회하기 마련이다. 사자 가족을 노리는 젊은 숫사자와 비슷하다. 아빠 사자 또한 다른 숫사자를 물리쳐 암컷들을 획득했기에 새로 나타난 숫사자가 위협적으로 느껴질 수밖에 없다. 낯선 숫사자와의 싸움에서 패한다면 암컷들을 잃는 것은 물론 새끼들까지 몰살당하고 말 것이다.

따라서 권력을 지켜내려는 의지는 피의 투쟁으로 나타날 수밖에 없다. 이룬 것이 클수록 잃을 것 또한 많아진다. 상실에 대한 공포로 인해 더욱 필사적이며 잔혹해진다. 권력의 행운은 이처럼 이중성을 가지고 있다. 겉으론 화려하며 수많은 미덕으로 포장되어 있으나 속으론 잃지 않으려는 공포와 결연한 투쟁 의지로 혼란스럽다.

스스로를 사자보다는 가젤에 가깝다고 생각한다면 권력 같은 거대한 행운에는 관심이 없을 것이다. 늘 안전부터 도모해야 하는 초식동물형 인간에게는 그에 상응하는 행운이 주어진다. 예를 들면 '일복' 같은 것. 부지런하게 움직여야 먹고 사는 반면, 꾸준함이라는 장점이 있다. 대번에 정점으로 도약했다가 이내 더 깊이 추락하고 마는 극적인 행운과는 대비된다.

> 급하게 달려와 얻은 행운은 미끄러져 산산조각 날 위험도 크다. 작은 행운은 길게 지속되는 반면 엄청난 행운은 금방 사라진다. 행운은 무거운 사람을 오랫동안 업고 가는 데 금세 지치기 때문이다. 행운은 헤어질 때에도 대

문 밖까지 배웅해주지 않는다. 행운은 맞이할 때에는 따뜻하지만, 떠나보내는 사람에게는 한없이 무정하고 무례하다.

● 그라시안

   가장 안타까운 행운은 눈 뜨고도 보지 못하는 행운이다. 좋은 인연을 만나 상대의 헌신을 누리면서도 당연하다고, 혹은 부족하다고 여기는 것이다. 하지만 급하게 찾아왔다가 후유증을 주고 가는 커다란 행운에 비하면, 평생에 걸쳐 함께할 수 있는 작은 행운이야말로 더욱 소중한 게 아닐까. 곰곰이 생각해 보면 나를 지켜내는 첫걸음은 이처럼 소소한 행운들과 잘 지내는 것으로부터 비롯되는 것 같다.

감출 때와 드러낼 때

 조선 시가문학의 대가 정철과 떼려야 뗄 수 없는 인물이 있다. 숙명의 라이벌, 이산해다. 정철이 『사미인곡』, 『관동별곡』 등으로 오늘날까지 '대학입시 VIP'로 살아남은 데 비해 이산해는 한국사 교과서에서도 비중이 크지 않다. 그러나 당대의 라이벌전에서 승자는 이산해였다. 그는 명종부터 광해군 때까지 여러 관직을 거친 세도가로 '동인'의 수뇌부이자 전략가였다. 정철은 그에 맞서는 '서인'의 중심인물이었다.
 원래는 두 사람 사이가 나쁘지는 않았다. 그런데 사위 추천을 놓고 갈등이 빚어졌다.
 1577년 이산해가 이덕형('오성과 한음'의 한음)을 사위로 맞이하자, 정철도 자기 사윗감을 부탁했다. 이산해가 오윤겸을 추천해주자 정철이 측근들 앞에서 화를 내며 흉을 보았다.

"자기는 늠름한 이덕형을 얻고, 내게는 병약한 서생을 추천하다니… 몹쓸 사람이야." (그러나 오윤겸은 훗날 영의정까지 올랐다.)

1589년 정여립의 역모 사건이 도화선이 되어 기축옥사己丑獄事가 일어났다. 정여립이 동인인데다, 연루자 가운데 동인이 많았던 까닭에 이산해도 수세에 몰렸다. 그중 몇몇을 이산해가 천거했다는 상소까지 올라오기도 했다.

조사 책임을 맡은 정철이 이산해에게 웃으면서 말했다.

"대감은 오늘 이 자리가 불안하시겠습니다."

이산해는 선조의 신임으로 위기를 모면할 수 있었으나, 정철을 비롯한 서인들이 정국을 주도하는 형국을 지켜볼 수밖에 없었다. 이산해는 정철을 유심히 지켜보았다.

> 부러진 손가락을 드러내면 적의 공격이 그 손가락에만 집중된다. 그러니 아무리 작은 허점이라도 함부로 드러내지 말라. 악의를 가진 사람들은 당신의 약한 곳을 호시탐탐 노리고 있다.
> 낙담했더라도 내색하지 말라. 사람들은 그것을 빌미로 당신을 조롱거리로 삼으려 할 것이다. 지혜로운 이는 약한 곳을 절대 드러내지 않으며 적의 공격을 받아도 태연하게 대처한다.
>
> ● 그라시안

심계深計가 있는 사람치고 자기 의향을 드러내는 경우는 거의 없다. 여러 차원의 말을 슬쩍 던지고 반응을 봐가며 수위를 조절한다. 상대가 강하게 나오면 "농담이었다"면서 물러서기도 하지만 약하다는 것을 확인하면 온갖 구실을 잡아 휘하에 넣거나 희생양으로 삼으려 든다.

이산해가 포착한 정철의 약점은 고집이 세고 직설화법을 즐긴다는 것이었다. 절친한 친구였던 율곡 이이가 "말을 함부로 하지 말라"고 여러 번에 걸쳐 충고했으나 소용이 없었다.

1591년 2월, 우의정에 오른 유성룡이 정철을 찾아왔다. 당시 정철은 좌의정, 이산해는 영의정이었다. 유성룡은 정철에게 "세자책봉 문제를 세 정승이 함께 건의하자"고 제안했다. 선조의 정비인 의인왕후가 자식을 낳지 못했기 때문에 광해군을 세자로 옹립하자는 여론이 형성되던 시점이었다.

정철은 유성룡과 함께 어전에 나갔다. 그러나 이산해는 나오지 않았다. 정철은 약속한 대로 선조에게 세자를 책봉하자고 건의했다. 유성룡은 아무 말도 하지 않았다.

이산해는 아들을 인빈 김씨의 오빠에게 놀러가게 했다. 인빈 김씨의 아들 신성군은 선조가 가장 귀여워하는 아들이었다. 이산해의 아들이 인빈의 오빠와 술을 마시고 있는데 하인이 와서 대감의 소식을 전했다. 이산해가 문을 걸어 닫고 통곡하고 있다는 것이었다. 아들이 놀라는 척하며 허둥지둥 돌아갔다.

다음날 인빈의 오빠가 궁금한 마음에 이산해의 아들을 찾아 갔다가 놀라운 이야기를 전해 들었다. 정철이 인빈 김씨와 신성군을 죽이려고 임금에게 간언을 했다는 얘기였다. 이 사실이 인빈 김씨에게 즉각 전해졌고, 인빈은 선조를 찾아가 울면서 매달렸다.

선조는 참고 있다가 며칠 후 경연에서 정철이 세자 책봉을 다시 건의하자 화를 냈다.

"내가 아직 젊은데 무슨 일을 꾸미려는 것이냐."

한번 결심하면 물러설 줄 모르는 정철이 선조에게 직설화법으로 자기주장을 재차 펼쳤다. 이산해가 예상했던 그대로였다.

> 운명도 때로는 우리의 가장 약한 곳을 노려 상처를 입힌다. 고통을 없애고 즐거움을 유지하기를 바란다면, 당신이 어떤 것에서 즐거움 또는 고통을 느끼는지 추호도 드러내지 말라.
> ● 그라시안

선조는 크게 분노해 정철을 좌의정에서 체직시켰다. 그리고는 이산해에게 어찰을 내려 신성군의 집을 호위하는 한편, 정철의 집에 드나들던 사람들을 잡아다 조사하도록 했다.

결국 정철은 강계로 귀양을 떠났고, 서인의 우두머리인 정철의 처리를 놓고 동인이 분열되었다. '정철을 죽여야 한다'고 주장한 강경파 이산해는 북인이 되었고, '유배 정도로 끝내자'는 온건파 유성룡은 남인으로 갈라졌다.

정철은 이후 임진왜란 때 재등용되기는 했지만 사실상 그의 정치 인생은 세자책봉 사태를 기화로 막을 내린 것이나 다름없었다.

> 지혜로운 사람은 능력을 보여주되 자기를 속속들이 알게 하지는 않는다. 따라서 누구도 그의 능력이 어느 정도인지 알지 못하고, 아무도 그에 대해 실망하지 않는다. 사람들은 그의 한계를 알 때보다는, 능력을 막연히 추측할 때 그를 더욱 존경하기 때문이다.
> ● 그라시안

정철은 기축옥사 이후 인생의 정점에 섰다. 하지만 경계를 푸는 순간 허점이 드러났고 필생의 라이벌 이산해에게 간파당했다. 정국을 주도하며 다시 한 번 공을 세우겠다는 공명심, 왕의 생각까지 바꿔놓을 수 있을 것이란 자신감, 하지만 그것에만 몰두한 나머지 다른 상황에는 눈이 먼, 그래서 취약할 수밖에 없었던 욕망이 바로 그것이다.

남다른 능력은 치명적 약점과 샴쌍둥이처럼 붙어 있다. 백전노장들이 능력을 적당히 보여주고 때로 감추는 것은, 그로 인해 약점 또한 드러날 수 있음을 경계하기 때문이다. 경쟁자를 이기는 방법을 강구하는 것도 중요하지만, 위협의 여지를 최소한으로 줄이는 게 스스로를 지켜내는 출발점이다.

사랑에 휘둘리지 않으려면

　돋보이는 외모로 미팅에 나가면 인기를 독차지하던 여성이 있었다. 그럼에도 제대로 사귀어본 남자는 없었다. 눈이 높다기보다는 느낌이 안 온다는 게 그녀의 변명이었다. 졸업 후 직장생활을 하다가 한 남자를 알게 되었다. 그를 보려고 일을 핑계로 약속을 잡았고 그의 쿨한 매력에 바닥을 알 수 없이 끌려 들어갔다.

　그가 혹시 연락을 해오지 않을까 하는 기대로 몇 분에 한 번씩 휴대폰 화면을 확인해야 했으며, 그를 만날 업무 관련 아이디어가 생각나지 않는 날에는 퇴근 시간이 다가오는 게 초조할 정도였다.

그러다가 용기를 내어 일과 관계없이 저녁 약속을 잡았고, 와인 몇 잔의 술기운을 빌려 '사적으로도 친하게 지낼 만한 사이'로 그의 인정을 받아냈다. 달갑지 않은 사실도 하나 알게 되었는데 그에게 오래 사귄 여자친구가 있다는 것이었다.

> 어떤 사람을 잊으려고 애를 쓰는 것은, 그 사람을 더욱 더 생각하고 있다는 의미다. 연애는 불안과 통한다. 벗어나기 위해 자꾸 반성을 하거나 술수를 써봐야 더욱 빠져들 뿐이다.
> ● 라 브뤼예르

> 사랑하는 마음 없이 연애를 시작하기는 쉬운 일이다. 그러나 마음이 있는데도 사랑을 포기하려는 것은 매우 어려운 문제다.
> ● 라 로슈푸코

그녀에겐 그를 만나 맛있는 음식을 먹고 즐거운 대화를 나누는 게 자존심을 지키는 것보다 중요했다. 그와 마주앉으면 기대감이 산골에서 올려다보았던 밤하늘의 별처럼 머릿속을 가득 채웠다. 그러나 실망의 뚜껑은 언제나 와인병의 코르크보다 빨리 열렸다.

그와 여자친구 사이에 끼어들 여지가 전혀 없다는 부정적인 전망을 확인할 때마다 '그만 만나는 게 좋겠다'고 생각했다. 그러나 며칠 지나고 나면 그 결심이 어느새 '이번 한 번만 더'로 바뀌곤 했다.

결심을 실행하는 데는 그가 그녀보다 빨랐다. 다른 부서로 가게 되었다는 사실을 전화로 알려온 것이다. 그가 자원을 했다고 말했다. 이후로 그는 그녀의 전화를 받지 않았다. 그녀가 그를 잊는 데는 꽤 오랜 시간이 필요했다.

> 상대가 눈앞에서 사라지면 보통 사랑은 점점 멀어지는 반면 커다란 사랑은 점점 커져간다. 바람이 불면 촛불은 꺼지지만 화재의 불길은 더욱 거세지는 것처럼. 사랑하는 사람이 우리에게 행사하는 권력은, 대개 우리가 스스로에 대해 가지고 있는 권력보다 더 크다.
>
> ● 라 로슈푸코

라 로슈푸코가 살롱에서 발표했던 이 잠언은 롱그빌 공작부인과의 경험을 담아낸 것이라고 한다. 애인 관계였던 두 사람이 멀리 떨어져 외롭게 지낼 때가 있었다. 라 로슈푸코는 마자랭에 맞서는 반란에 가담했다가 큰 부상을 입고 치료를 받고 있었으며, 롱그빌 공작부인은 마자랭의 주동자 검거 열풍을 피해 먼 곳으로 도피 중이었다.

그녀는 요양차 떠나 있는 그에게 연서를 보내 "죽음 외에는 갈라놓을 수 없는 인연"이라며 타오르는 사랑을 다짐하기도 했다. 하지만 그녀는 얼마 후 다른 남자의 애인이 되어 있었다. 떠오르는 꽃미남 느무르 공작이 그 주인공이었다.

라 로슈푸코는 평생에 걸쳐 여성들의 권력에 휘둘렸다. 여성들에게 사랑받았고 배신당했다.

왕비 편에 서서 리슐리외 제거 음모에 가담했지만, 정작 리슐리외가 사망하자 왕비는 그 후임인 마자랭과 손을 잡고 라 로슈푸코를 외면했다. 애인이었던 슈브뢰즈 공작부인도 마자랭의 일파가 되어 있었다.

그 후 스물일곱 살의 아름다운 롱그빌 공작부인을 만나 사랑에 빠졌고, 그녀와 함께 수차례의 반란과 봉기를 함께했으나 결국에는 그녀마저도 라 로슈푸코를 배신했다.

첫사랑에서 여자는 연인을 사랑한다. 두 번째 사랑부터는 연애를 사랑한다.
● 라 로슈푸코

사랑을 주는 입장에서는 비록 당장은 아니더라도 언젠가는 그에 상응하는 보상을 받을 것이란 기대심리 또한 싹트기 마련이다. 그러나 끝내 그것을 돌려받지 못해 슬픔 혹은 분노에 사로잡히고 정신마저 피폐해졌다면, 나를 망쳐놓은 것은 상대가 아닌 나 자신이다.

마냥 기다리기만 했던 착한 내 자신, 말 안 해도 상대가 알아서 보답해줄 것이라는 순진한 믿음이 틀렸던 것이다. 아무리 사랑해도 말하지 않으면 상대는 알지 못한다. 일방적이고도 희생적인 사랑은 덮쳐왔다가 모든 것을 쓸어가버리는 쓰나미처럼 가슴속을 폐허로 만들어버리는 경우가 많다.

지독한 사랑에 휘둘리지 않으려면 지혜의 힘을 빌릴 수밖에 없다. 라 로슈푸코가 은퇴 후 사블레 후작 부인이나 라파예트 백작 부인과 우정 또는 사랑을 이어가는 데도 독서와 지적 대화, 서로에 대한 깊은 관심과 이해가 큰 도움이 되었다. 물론 이런 사랑에서는 드라마틱한 사랑의 달콤함이나 톡 쏘는 자극을 기대할 수 없다.

> 사랑을 해도 너무 사랑하지 않는 것이 사랑을 받는 가장 확실한 방법이다. 지혜와 사랑은 양립하지 않는다. 사랑하는 마음이 커지면 지혜는 반대로 줄어들기 마련이다.
> ● 라 로슈푸코

이온 음료와 에너지 드링크에 맛 들린 적이 있다. 건강에도 좋다는 광고 카피로 스스로를 속이며 감미롭고 자극적인 맛을 탐닉했다. 하지만 그것도 잠시였다. 단맛이든 신맛이든 그게 아무리 좋아도 언젠가는 질리기 마련이다. 더구나 갈증이 심할 때에는 그 어떤 음료도 물맛에 비할 수 없다.

사랑 또한 비슷하지 않을까. 열병의 시기를 지나더라도 편안하며 익숙하고, 오랫동안 그대로인 채 변함없이 이어지는 물맛 정도로 좋지 않을까. 하지만 그게 마음대로 되는 것은 아니다.

사랑은 열병이다. 격렬함에서나, 언제까지 지속될지 알 수 없다는 점에서나, 그 어느 쪽도 우리의 힘으로는 어찌할 수 없기 때문이다.

● 라 로슈푸코

빛나지 않으면서 반짝이는 지혜

한없이 투명에 가까운 사람이 있다. 점심으로 무엇을 먹었으며 저녁 약속은 어디에서 있었는지 SNS를 통해 늘 생중계된다. 비밀이 없어서 주변 사람 모두가 그의 일이 얼마나 진척되었는지 꿰뚫고 있다. 소소한 자랑거리나 최근의 관심사, 자기만의 생각 혹은 주장까지 SNS에 상세하게 나와 있기에 누구든 마음만 먹으면 그의 패턴을 어렵지 않게 읽어낼 수 있다.

반면 기척이 없다가 최종적으로 결과만 보여주는 사람이 있다. 무슨 생각을 하며 어떤 일을 하고 있는지, 가까운 몇 사람을 제외하고는 좀체 이야기하는 법이 없다. 이런 사람이 좋은 결과를 냈을 때에는 자랑을 하는지 안 하는지도 헷갈린다. 투명함을 추구하는 사람들의 눈에는 의뭉스럽게 보이기까지 한다. 그럼에도 비난하기는 어렵다. 뽐내지 않으니 눈에 띄는 흠이 없는데다 앞으로도 뭐가 더 나올지 알 수 없으므로 함부로 대하기가 어려운 것이다.

> 계획을 미리 공개하면 결과가 나오기 전부터 과도한 부담을 느끼게 되고, 결과가 좋지 않을 경우 마땅히 받아야 할 비난보다 훨씬 큰 비난을 받게 된다. 그러니 어떤 일이든 완성되기 전에는 다른 사람들이 알지 못하게 하라. 사람들이 당신의 성공을 모르고 있다가 갑자기 알게 될 때, 그 가치가 한층 빛나는 법이다.
> ● 그라시안

상대의 세력이 강한데다 우호적이지 않다면 그 앞에서는 더욱 신중해질 수밖에 없다. 『삼국지』를 보면 유비가 조조에게 얹혀 지내는 유명한 대목이 있다. 조조를 '상사 또는 선배'로, 유비를 '나'로 바꿔 읽으면 남의 이야기 같지 않게 다가온다.

유비가 채마밭을 돌보며 허송세월을 하자, 조조가 술자리를 만들어 유비의 속을 떠본다.

"당대의 영웅이라고 할 만한 사람을 꼽아보면 누가 있을까요?"

유비가 이런저런 경쟁자의 이름을 주워섬기니 조조가 말을 자른다.

"당치 않소. 진짜 영웅이라고 꼽을 수 있는 사람은 나와 당신일 것이오."

가슴속에 감추고 있던 야심을 들킨 유비는 놀라 젓가락을 떨어뜨리고 만다. 천둥이 치자 "저 소리에 그만 겁이 나서…"라고 둘러댄다. 이 연극이 유비의 목숨을 살렸다.

경험과 야심이 많은 상사로부터 나 스스로를 지켜내는 방법을 유비를 통해 배울 수 있다. 나의 재능과 역량을 함부로 뽐냈다가는 경쟁구도에 특히 민감한 선배의 심기를 건드릴 수 있다. 선배의 '촉'에 걸린다면 그로부터 주목을 받을 테고 시간이 흐를수록 상세하게 파악될 것이다.

야망이 큰 선배들은 자기 사람이 될 만한 후배는 키워주지만, 장애물 혹은 경쟁자가 될 만한 후배는 싹이 트기도 전에 밟으려는 속성을 갖고 있다. 누군가의 실력과 평판이 대단할 경우, 가장 먼저 위협을 느껴 함정을 파는 사람은 그 윗사람일 때가 많다. 그래서 필요한 게 '도광양회韜光養晦'의 지혜다. 자신의 빛을 숨기고 드러내지 말라는 뜻이다.

> 자신의 속내를 좀처럼 드러내지 말고 신비스러운 태도를 유지하라. 그러면 사람들은 자연스럽게 당신에게 끌리고 기대를 갖게 된다. 설혹 자신을 불가피하게 드러내야 할 때도 전부를 드러내지는 말고 상대에 따라 말과

> 행동을 아껴라. 신중한 태도만큼 안전한 것은 없다.
> • 그라시안

어느 조직이든 마찬가지다. 신입 시절에는 동기끼리 벌이는 경쟁이 대부분이나, 지위가 올라갈수록 더 많은 선배들과 뒤섞여 달리게 된다.

상사들 입장을 헤아려보면 그들에게도 나름의 고충이 있다. 높은 자리에 오를수록 리스크는 커지기 마련이며, 선연하게 드러나는 경쟁구도 속에서 뒤처지지 않아야 한다. 또한 많은 후배들을 거느리고 있는 만큼 책임의 범위가 넓어진다. 힘들게 겨우 올라왔다가 어이없는 일로 내려가는 수도 생기는 것이다.

그래서 많은 선배들이 자신에게 위협이 되지 않을 후배를 최우선으로 발탁해 곁에 두려 한다. 공을 세우게 해주는 후배라면 두말할 나위가 없다. 조직의 성과도 중요하지만 더욱 중요한 것은 선배 자신의 안전이다. 오로지 회사를 위해 자기 밥그릇을 헌신짝처럼 버릴 수 있는 사람이 되기란 말처럼 쉽지 않다.

오너의 관점도 크게 다르지 않다. 아무리 똑똑한 부하 직원이라 할지라도, 상상했던 범위를 넘어설 경우 '다스리기 힘든 인간'으로 분류할 가능성이 높아지는 것이다.

> 큰 성과를 이루었다면 그것을 뽐내지 말고, 허풍을 떨지도 말라. 성과를 얻

었다는 사실에만 만족하고, 공이나 칭찬은 다른 사람에게 넘겨라. 다만 공을 넘겨주되, 팔지는 마라.

사람들로 하여금 당신을 찬양하는 글을 쓰도록 하지 말라. 이 역시 조롱거리가 될 수 있다. 영웅처럼 보이려 노력하지 말고, 영웅이 되기 위해 노력하라.

● 그라시안

높은 곳의 비탈면에 집을 짓는 사람들을 볼 때마다 조마조마한 느낌이 든다. 고지대에서 훤히 내려다보며 희열과 우월감을 느낄 수는 있겠지만 만에 하나 산사태나 폭설로 피해를 입을 가능성 또한 배제할 수 없기 때문이다. 깎아지른 듯한 경사면에 축대를 올려 집을 지은 모양새부터가 위태로워 보인다.

출세하고 성공한 선배들의 심정 또한 이와 크게 다르지 않은 것 같다.

그들의 마음속 깊은 곳에 도사린 두려움을 이해한다면, 그들이 나에게 적용할 가장 중요한 잣대가 어떤 것인지 어렵지 않게 깨달을 수 있다. 자신에게 위협이 되지 않을 것이라는 확신 여부다.

"윗사람보다 더 인정받는 것은 겉으로는 승리인 것처럼 보이나, 결국 파멸의 끝을 보게 된다. 태양의 빛을 능가하지 않으면서도 늘 빛나는 밤하늘의 별과 같은 지혜를 배워라."

그라시안의 가르침처럼 밤하늘의 별을 지향하는 태도야말로 순식간에 닥쳐올 수도 있는 세상의 위협으로부터 나를 감춰주는 마법 망토가 되어줄 것이다. 망토 덕분에 나는 쉽사리 파악되지 않으며, 그 어떤 사람으로도 섣불리 규정되지 않을 수 있다.

알아도 모르는 척해야 할 때

처음 만난 여자를 집까지 바래다줄 때는 가급적 지하철을 이용하지 않는 편이 낫다. 여건상 붙어 서서 이야기를 나누며 친밀감도 높이고, 부드러운 남자라는 인상을 남길 수도 있겠다 싶지만 오히려 위험 요소가 더 크다.

여성 입장에서는 꺼림칙한 부분이 많은 것이다. 밝은 조명 아래 훤히 드러난 자기 얼굴을, 그것도 초면인 남자에게 보일 수밖에 없으니 거북할 것이다. 아무리 화장으로 꼼꼼하게 가렸더라도 자기의 부족한 부분이 드러난 것 같아 마음이 편하지는 않다. 설령 바래다주는 남자가 꽃미남이라고 해도 부담스럽기는 매일반이다.

> 사람들은 남이 너무 가까이에서 자기 모습을 보는 것을 대부분의 경우에는 싫어한다. 누구나 특유의 관점을 가지고 있으며 그 관점에서 자기를 바라봐주기를 원한다.
>
> ● 라 로슈푸코

반면 좀 더 가까이에서 봐주기를 원할 때도 있다. 사랑에 빠졌을 때다.

사랑하기에 '완전한 사이'를 꿈꾸고 상대와의 거리를 최소로 좁혀간다. 상대의 모든 것을 빠짐없이 알려고 하며, 숨기는 게 없어야 진실한 사랑이라고 믿는다. 비밀을 없앰으로써 비로소 서로를 완벽히 소유한다고 생각한다.

하지만 모든 것을 공유하기 바라면서도 웬만하면 자기에게 유리하거나 자신을 멋지게 포장할 수 있는 것만 나누고 싶은 게 사람의 마음이다. 쓰리고 수치스러운 기억까지 털어놓아 이미지를 망치고 싶지 않으며, 상대에게 부담을 주기도 싫다. 아름답고 사랑스러운 모습만 보여주고 싶은 것이다.

결국 '내가 원하는 대로 봐달라'는 것은 '내가 보여주기 싫은 부분은 보려 하지 말라'는 뜻이기도 하다. '비밀 없는 사이'와는 모순되는 지점이다. 그러니까 비밀이 없는 사이, 완전한 결합을 추구하는 것부터가, 따지고 보면 상처를 주고받을 필요조건을 만드는 아이러니다.

우리는 어느 누구도 완전히 소유할 수 없다. 가장 친밀한 관계에서도 그렇다. 완전한 신뢰와 완전한 소유는 다르기 때문이다. 어떤 이에게는 털어놓고 다른 이에게는 감춰야 할 것이 있고, 그 반대의 경우도 있다. 어떤 것을 언제 털어놓고 혹은 누구에게 감출지, 구분할 줄 알아야 한다. 이것을 깨닫지 못하면 어떤 관계도 깊은 신뢰로 이어질 수 없다.

● 그라시안

배우자나 연인에게 성마른 분노를 자주 표출하는 사람은 상대를 복종시켜 소유하기 위해 그러는 것처럼 보인다. 그런데 분노는 무능 혹은 수치와도 밀접한 관련이 있는 감정이다. 미국의 한 대학 교수 팀이 심리 실험을 해본 결과, 분노를 자주 표출하는 사람은 힘이 있으나 스스로 무능하다고 생각하는 경향이 뚜렷했다.

상대를 복종시키기 위해 화를 내기보다는 스스로가 자신감에 상처를 입어 흔들리고 있기 때문에 불안감을 분노로 바꿔 쏟아낸다는 것이다. 화를 내면 여러 가지 교감신경 물질 및 테스토스테론 같은 호르몬의 분비가 늘어나 뿌듯한 느낌을 받게 되는데 이것을 '이겼다'는 신호로 착각하는 것이다.

적지 않은 남성이 아내 혹은 여자친구에게 자기의 약점이나 치부를 드러내고 나면 무시당할지도 모른다는 불안감을 느끼며, 그런 불안감에서 잠시나마 벗어나기 위해 더욱 맹렬하게 분노를 쏟아낸다.

> 사람들은 마음속을 다른 이에게 내보이기를 꺼리며, 스스로도 깨닫지 못했던 마음속을 누군가에게 간파당하는 것은 매우 싫어한다.
> ● 라 로슈푸코

직장에서도 그렇다. 다른 이의 심중을 읽을 줄 안다는 것은 탁월한 재능이지만, 읽어낸 것이 상대의 '공유하고 싶지 않은 비밀'이라면 서로에게 안 좋은 영향을 미칠 수 있다. 더구나 그 상대방이 높은 분이라면 더욱 그럴 것이다.

승승장구하다가 어느 순간 꼬이는 사람들 중에 이런 사례가 적지 않다. 그의 탁월한 눈썰미가 높은 분의 심기를 건드린 것이다. 한동안 '알아서 잘할 때'만 해도 기특한 부하였으나, '알 필요 없는 것까지 알았을 때'에는 기분 나쁜 녀석이 되어 눈엣가시로 전락한다. 백척간두에 서서 칼바람을 맞을 가능성이 높다.

흔들림 없는 선배들은 자기 속을 웬만하면 드러내지 않는 것처럼, 남의 속을 읽었을 때에도 함부로 내색하지 않는다. 물론 속으로는 쉼 없이 '셈'을 하고 있을 것이다. 상대가 호기심을 유발한다면 한발 다가서고, 상대의 속내를 짐작한 게 들킨 것 같을 때에는 한발 물러서는 방식으로 보정을 해가며 적당한 선에서 관계를 이어간다. 마치 밀고 당기기를 자유자재로 구사하는 연애의 고수 같다.

노련한 선배들이 크게 휘둘러 뭔가를 보여주지 않고도 한 가지 판단에 수십 가지의 경우의 수를 담고 있는 듯한 인상을 주는 것도 이런 신중함 때문이다.

판단해야 할 상대의 색이 흑 아니면 백, 두 가지뿐이라고 믿는 사회 초년생들의 눈에는 이런 선배들이 회색분자처럼 느껴지기도 한다. 물론 그들만의 보호색 같은 회색 분위기가 답답해 보일 수도 있다. 하지만 흑과 백의 양극단에서 쓴맛 단맛 다 본 뒤에 깨달은 지혜와 경험은 연륜과 어우러졌을 때 자연스레 회색빛을 띠게 마련이다.

> 알아도 모르는 척하고 지나가라. 자연스러운 대화를 수사관 방식의 캐묻는 심문으로 만들지 말라. 높은 자리에 있다면 더욱 알아도 모르는 척 넘기는 태도가 중요하다. 동료나 절친한 친구, 심지어는 적일지라도 모르는 척 내버려둬야 할 때가 있다.
> ● 그라시안

02

어떻게 세상과 조화를 이룰 것인가

그의 마음에서 천사를 끌어내는 법

 매사에 아니꼽게 구는 선배가 있다. 공손하게 대해도 매번 돌아오는 반응은 퉁명스럽기만 하고, 후배가 실수라도 하면 두 배로 트집을 잡아 몰아붙이기 일쑤다. 참다못한 후배 중 한 명이 대표로 나서서 선배에게 동료들의 불만을 전하기로 결심했다.
 "억울했던 것들, 내가 전부 얘기할게. 이번에 아주 끝장을 봐야겠어."
 그런데 어이없게도 며칠 후 선배가 사표를 냈다. 다른 회사로 옮긴다는 것이었다. 후배들은 반가워하면서도 한편으로는 그 회사 사람들을 걱정해주었다.
 만약 그 후배가 선배를 만나 아랫사람들의 불만을 여과 없이 전했다면 어떻게 됐을까? 선배가 흔쾌히 받아들여 사과했을까?

십중팔구는 사태가 더 악화되었을 것이다.

불만 토로나 정당한 항의에도 교감이라는 전제 조건이 필요하다. 화가 난다고 마음속에 있는 것을 전부 털어놓아봤자 서로에게 좋을 게 없다. 상대로 하여금 반감을 갖게 만들어 갈등만 키울 뿐이다. 아무리 옳은 말이라고 해도 상대가 설득당할 마음이 있을 때나 통하는 것이다.

사태를 원만히 해결하기 바란다면 '반의 반' 정도가 적당하지 않을까? 마음을 가라앉히고 하려는 말을 반으로 줄인 다음, 그것을 다시 절반으로 접어 전하는 것이다. 이 방법이 제대로 먹힌다면 격앙된 감정 또한 4분의 1 이하로 가라앉는 부수적인 효과도 얻을 수 있다.

상대가 영민한 사람이라면 요점만 말해도 속에 담긴 뜻을 금방 알아차린다. 실마리를 적당하게만 쥐어주니 상대로선 생각해야 할 여지가 늘어난다. 스스로를 돌아보다가 짚이는 부분이 있다면 그 대목에서 교감이 이루어질 수 있다.

> 다른 이의 마음에 동조하는 것은 열린 생각을 가진 사람에게만 가능한 특별한 능력이다. 공감에는 마음과 마음을 일치시키는 신비한 힘이 깃들어 있다. 공감은 마법이라고 부를 만큼 강력하다.

> 드러내놓고 표현하는 공감이 있는가 하면, 먼발치에서 지지해주는 공감이 있다. 지혜로운 이는 이 두 가지 공감을 이용해 사람들의 호의와 존경을 얻는다.
> ● 그라시안

예의 바른 사람의 두드러진 특성은 인사를 잘한다는 점이다. 안면 있는 누군가와 마주치면 먼저 반갑게 인사를 건넨다. 그런데 인사는 학습의 결과다. 가정이나 학교에서 기본 중의 기본으로 여겨 훈련시킨 데 따른 것이다. 그 바탕에는 '생존의 지혜'가 깔려 있다. 본원적 의미의 인사는 스스로를 지켜내기 위한 선택이다.

남자끼리 내미는 악수부터가 그렇다. 악수는 낯선 이를 만났을 때 오른손을 펼쳐 '내 손에는 무기가 없다'는 사실을 서로 확인시켜주던 습성에서 유래되었다는 게 정설이다. 앵글로색슨 혹은 로마시대부터 예절로 자리잡았다고 한다.

절 또한 그렇다. 양 무릎과 팔꿈치, 이마가 땅에 닿는 오체투지五體投地의 경우 자신을 최대한 낮춤으로써 '당신이 공격하더라도 받아들이겠다'는 복종심을 표현한다.

허리 숙여 인사하기도 마찬가지다. 급소인 뒷덜미를 무방비로 내놓는 동시에 상대의 움직임은 감지하기 어려운 불리한 자세를 감수하는 것이다.

모든 인사는 '나는 당신을 해칠 생각이 없다'는 의지를 드러내기 위함이다. 그것을 확실하게 보여주기 위해 스스로에게 위협이 될 수 있는 포지션을 기꺼이 먼저 취하는 것이다.

> 자유자재로 변신하는 바다의 신 프로테우스가 되어라. 배운 사람을 대할 때는 배운 사람이 되고, 성자를 대할 때는 성자가 되어라. 상대의 말과 행동을 잘 받아주는 것보다 호의를 얻는 좋은 방법이 없다. 그의 기분을 잘 살피고, 그의 상태에 자신을 맞춰주어라.
> ● 그라시안

인사는 21세기에도 여전히 중요한 습관이다. 웃는 낯으로 인사를 나눔으로써 서로 '안심'을 교환할 수 있기 때문이다. 세계 오지의 부족들에게 아직도 남아 있는 인사법 가운데 하나가 '계보 따지기'다. 낯선 사람과 마주쳐 불안할 때면 각자 계보를 읊어 공통점을 찾으려 한다. 아는 이나 친척이 겹치면 비로소 의심을 내려놓고 친구가 된다.

우리에게도 낯설지 않은 방식이다. 서로 많이 다르고 익숙하지 않은 사람들 사이에선 안심이야말로 대단히 중요한 감정이다. 상대의 적대적인 혹은 공격적인 행위를 걱정하지 않아도 되기 때문이다.

학자들은 선사시대 인류 가운데 15%가 타살로 죽임을 당했을 것이라고 추정한다. 동굴이나 빙하에서 발견된 오래전 인류의 흔적 가운데 상당수에서 타살당한 흔적이 뚜렷했다. 8세기 중국 '안녹산의 난' 때에는 3600만 명이 죽었다. 이를 20세기 인구로 환산하면 무려 4억 2900만 명에 이른다. 문명의 시대로 접어든 뒤로는 인구 대비 타살의 비율이 줄어들고는 있으나 인간의 본성이 바뀐 것은 아니라는 게 학자들의 분석이다.

> 친하게 지내려면 상대에게 당연히 신경을 써주어야겠지만 그 경계는 분명히 해야 한다. 즐겁게 해주려고 맞춰주는 것이 도가 넘으면 추종이 되고 말기 때문이다. 다만 전적으로 자신의 의지에 의한 것임을 명확하게 보여주지 않고선 의미가 없다. 내켜서 맞춰주고 있다는 점을 상대가 느껴야 한다.
> ● 라 로슈푸코

사람의 뇌신경 중에 가장 두드러진 것이 미주신경迷走神經이다. 미주신경이 활성화되면 가슴이 따뜻해지는 것을 느낄 수 있다. 일부 과학자들은 미주신경이 남을 돕거나 선행을 베푸는 순수한 마음과 관계가 있다고 믿는다. 따라서 뇌에 미주신경이 가장 넓게 분포되어 있음에 기인하여 사람이란 원래 착하게 살도록 만들어졌다는 주장을 펴기도 한다. 친절이나 관용, 희생 같은 착한 마음은 누구나 타고나므로 환경만 갖춰진다면 스스로는 물론 주변까지 행복하게 해줄 수 있는 게 사람의 본연이라는 얘기다.

그럼에도 살다보면 수많은 관계 그물 속에서 '포지션'에 따라 어쩔 수 없이 위악偽惡의 태도를 취해야 할 때가 있다. 의도는 선하지만 공동의 이익이나 성과를 위해 부득이 '악의 이미지'를 빌려야 한다는 아이러니야말로 어른의 세계에서 피할 수 없는 고통인 셈이다.

하지만 위악에도 역시 경계선이 있어서 이를 넘지 않는 것도 중요하다. 수단으로 동원된 위악이 목적으로 전도될 위험이 있기 때문이다. 이럴 때 기준이 되는 게 바로 공감 여부다. 어쩔 수 없이 악역을 맡더라도 사람들의 아픔에 공감할 수 있다면 최소한 괴물로 변하지는 않을 수 있다.

그러니 공감이야말로 선과 악이 공존하는 인간의 본성 중에서 천사와 통하는 일종의 '콜 사인call sign'이 아닐까.

오늘 운세에 '참견을 삼가라'는 말이 자주 나오는 까닭

 부음을 접하고 곧바로 찾아간 지인의 상가에서 황당한 일을 경험했다. 급작스런 부친상으로 황망해하는 아들과 딸들을, 친척으로 보이는 한 남자가 꾸짖고 있었다. "상주가 복장이 그게 뭐냐"는 것이었다. 캐주얼 차림의 맏아들이 응대를 했다. 장례업체에서 준비 중이니 곧 갈아입겠다는 해명이었다. 그래도 남자의 분노는 가라앉지 않았다.
 "양복이라도 입어야지, 등산 가는 것도 아니고 그게 뭐냐."
 대단한 참견이었다. 아버지가 위독하다는 소식에 달려왔다가 망연자실 슬픔에 빠진 자식들에게 정장을 챙겨 입을 경황이나 있었을까?

참견 없이 살기란 쉽지 않다는 것을 우리는 명절 때마다 절감한다. 자기 시댁에는 들르기만 하고 나타나 온갖 참견을 해대는 시누이가 있고, 합격이며 취직, 월급, 결혼처럼 아픈 곳만 꾹꾹 찌르며 참견해야 직성이 풀리는 친척도 있다.

사람마다 사정이 다른 게 당연한데도, 자기 기준 혹은 자기도 불가능한 잣대를 상대에게 들이대며 참견을 한다. 심지어 친구나 후배가 사귀는 이가 마음에 안 든다며 헤어지라고 종용하는 경우도 있다.

> 남의 일에 괜히 참견하면 비난만 사게 마련이다. 필요한 자리에서 능력을 발휘하려면 함부로 나서지 말고 재능을 아껴둘 필요가 있다.
> ● 그라시안

전한前漢시대 무제 때의 장군 관부는 술을 좋아하는 용맹한 사람이었다. 당시 황제 밑에는 두 사람의 권력자가 있었는데 문제 황후의 조카인 두영과 경제 황후의 동생인 전분이었다. 나이가 많은 두영은 지는 해였던 반면, 젊은 전분은 떠오르는 태양이었다. 관부는 그중에서 두영과 친하게 지내며 자주 술을 마셨다.

하루는 관부가 전분을 찾아갔다가 그로부터 "두영의 집에 놀러가겠다"는 이야기를 들었다. 그 소식을 전하니 두영의 집에

법석이 벌어졌다. 밤새 대청소를 하고 술과 고기를 장만하느라 식구와 하인들 모두 잠을 이루지 못했다.

그런데 다음 날 아침. 해가 중천에 떴는데도 전분이 나타나지 않았다. 관부가 수레를 타고 맞이하러 가보니 전분은 여전히 자고 있었다. "놀러가겠다"는 말은 농담이었다.

관부는 전분을 청해 모시고 오며, 두영 일가의 고생담을 늘어놓아 사과를 하게 만들었다. 술자리가 무르익었을 때에는 전분에게 춤을 권하다가 응하지 않자 소매를 잡아 억지로 일으켜 세우려는 등 무례를 범하기도 했다.

전분은 얼마 후, 두영에게 약속했던 땅을 달라고 독촉했다. 두영이 전에 신세를 갚기 위해 땅을 주겠다고 약속했던 것이다. 그러나 전분의 요구는 냉정하게 거절당하고 말았다. 관부가 그 일에도 끼어들어 훼방을 놓았던 것이다.

전분은 화를 냈다.

"두영의 아들을 내가 구해주었는데 약간의 밭고랑이 아깝단 말인가? 또한 관부는 무슨 참견이란 말인가?"

남의 일에 관여한다고 나쁠 것은 없다. 다만 허락되는 범위 안에서여야 하며 절대 도를 넘어서는 안 된다. 남의 마음속에 지나치게 파고들어가지 않는 것이 예의다.

● 라 로슈푸코

참견은 한번 하게 되면 꼬리를 물고 자꾸 하게 되는 속성이 있다. 참견하는 사람이 궁극적으로 원하는 것은 '달콤한 우월감'이다. 사람들은 종종 자신이 뛰어나다고 생각하며 아무리 못해도 '최소한 평균 이상'이라고 믿는다. 하지만 이대로라면 대부분의 사람이 다른 대부분의 사람들보다 뛰어나다는 모순이 성립된다. 심리학자들은 이런 현상을 '우월 착각 superiority illusion'이라고 부른다.

그런데 참견을 통해 우월함을 입증하려 들 경우, 지나치면 결국 위험을 부른다. 오죽하면 '오늘의 운세'에 단 하루도 빠짐없이 '참견을 삼가라'는 말이 등장할까. 예를 들면 이런 것들이 있다. '쓸데없는 일에 참견하면 두고두고 화근이 되니 자신의 일에만 집중하라.' '남의 일에 참견하지 말고 시비는 애당초 하지 않는 것이 좋다.' '남의 일에 참견하지 말고 사람이 많은 곳에는 가지 않는 게 상책이다.' 모두가 참견하다 보면 시비를 가리게 되고 결국에는 화근이 된다는 경고다.

관부는 두영의 손에 이끌려 갔던 전분의 연회에서 또 나서고 말았다. 주흥이 무르익자 관부는 전분에게 술을 넘치도록 따라주었다. 전분은 다른 사람들이 따라준 술은 전부 비우면서도 관부의 술만은 마시지 않았다.

말을 잘하는 재능을 갖지 못했다면 침묵이라도 지킬 줄 아는 지각이 있어

야 한다. 만약 두 가지를 다 가지고 있지 않다면 불행한 사람이다.

● 라 브뤼예르

　기분이 상한 관부는 다른 사람들에게 차례로 술을 따라주다가, 젊은 관리 두 사람이 귓속말을 하느라 자신을 알아보지 못하자 분을 참지 못해 말했다.
　"자네는 평소 이런 자를 한 푼의 가치도 없다고 헐뜯더니, 오늘은 내가 잔을 권하는데도 이런 자와 계집애처럼 귓속말을 하고 있는 것인가!"
　시비가 일어나는 바람에 연회를 망친 전분은 관부에게 더한 분노를 품게 되었다. 전에는 두영과의 일에 참견해 분란을 키워놓더니, 이번엔 부르지도 않은 잔치에 와서는 젊은이들의 사사로운 교류에까지 끼어들어 엉망을 만들어놓은 것이다.
　결국 관부는 전분의 교묘한 공작에 의해 탄핵을 받고 죽임까지 당했다. 심지어 그의 일가족마저 몰살당하고 말았다.

　　위험한 상황에 처하면 판단력이 무뎌진다. 한번 위험한 일에 뛰어들면, 이어서 다른 위험한 일을 맡게 되고, 자신도 모르는 사이 파국에 이른다. 지혜로운 사람은 위험한 일을 극복하기보다는 피하는 데 더 많은 용기가 필요하다는 사실을 알고 있다.

　　● 그라시안

레일 위를 달리는 열차처럼 학교, 직장, 결혼, 육아 등의 과정을 차례로 밟는 사람일수록 스스로를 '정상적'이라고 여기는 경향이 있다. 우리들 대부분이 그렇다. 그래서 이따금 삶의 낯선 길을 가는 사람들을 만날 때면 '비정상적'이 아닌지 고개를 갸웃거린다.

먹고사는 일보다 취미에 탐닉하는 마니아들이나 2세 계획 없이 여가를 즐기는 부부를 보면 그들이 마치 탈선이라도 한 것처럼 불쑥 끼어들어 참견을 하고 마는 것이다. 불안해 보여서, 정답이 아닌 것 같아서다.

그렇다면 우리가 걷고 있는 삶의 방식은 과연 정답일까? 아니, 정답이 꼭 하나여야만 하는 것일까?

다양화된 세상에선 수천, 수만 가지 삶의 풀이 방식이 공존한다. 무슨 일이든 일어날 수 있다. 그러니 익숙한 궤도보다는 낯선 우회로를 통해 더 많은 것을 보고 느끼고 배우는 것이 더 나은 선택일 수도 있다.

오히려 남의 일에 개입하다 보면 자칫 감정 다툼에 휘말려 정작 중요한 자기 몫의 삶을 챙기지 못할 때가 있다. 어쩌면 참견하고 싶은 충동이야말로 나를 돌아보라는 신호인지도 모른다. 스스로 선택한 삶의 방식에 회의를 느끼고 있는 것은 아닌지, 나와 비슷하게 살아가는 사람이 점점 줄어드는 게 불안한 것은 아닌지 말이다.

나의 분노에 걸려 넘어지다

 회사 후배에게 분노를 터뜨렸던 적이 있다. 후배는 억울하다고 했다. 그 정도로 화를 낼 일은 아니라는 거였다. 물론 발단은 작은 일이었다. 허락 없이 서랍에서 소소한 사무용품을 갖다 쓴 정도. "왜 큰일에는 대범하면서 사소한 일 가지고 사람에게 면박을 주느냐"는 후배의 반박에도 일리는 있었다.

 그런데 그건 당연한 것이다. 큰일에 이성을 잃고 분노하면 정말로 큰일이 나는 수가 있다. 작은 일일 때 챙기고 따져야 큰일로 비화되는 것을 미리 막을 수 있다.

 후배 입장에서는 싫은 소리를 들어야 하는 맥락을 이해하지 못한 것이다. 그에겐 "스테이플러 하나 가지고 쩨쩨하게 군다"

가 사건의 전말이었다. 하지만 본질은 그게 아니었다. 남의 물건을 함부로 쓰고는 제대로 돌려놓지 않는 그의 무신경이 문제였다. 더욱 심각한 것은 일을 처리할 때도 그런 식이어서 동료들의 불만이 쌓여 있다는 점이었다.

참았던 분노가 쏟아지며 생각을 막아버린데다 후배의 무성의한 태도 때문에 그런 사정들을 제대로 전하지 못했다고, 그 당시에는 후회했다.

> 화가 치밀어도 의연함을 유지하는 것이 낫다. 불평을 쏟아내면 상대는 모욕감을 느끼고, 그것을 되돌려줄 구실을 찾게 된다. 불평하기보다 오히려 호의를 자랑함으로써 비슷한 호의를 받아내는 것이 현명하다.
> ● 그라시안

아리스토텔레스는 "모든 역정逆情은 보복을 하고야 말겠다는 희망에서 생겨나는데, 그것에는 모종의 기쁨이 따라온다"고 지적했다. 분노를 쏟아내는 내면 깊숙한 곳에는 상대에 대한 기대심리가 도사리고 있다는 것이다. 자신의 분노를 전달하되 그런 기대심리는 감추려는 게 사람들의 속성이다.

베이컨은 이렇게 말했다. "속마음을 읽히지 않으려고 감정을 감추는 것은 자기 카드를 보여주지 않는 것과 같지만, 속이기 위해 감추는 것은 상대의 카드를 훔치는 것과 다를 바가 없다."

분노를 표현할 때 우리는 보통, 나의 카드를 감추는 동시에 상대의 카드를 슬쩍 보려는 충동에 사로잡히는 경우가 많다. 그렇기 때문에 한편으로는 불안하다. 마음의 균형이 불안정한 상태인데다 여러 가지로 걱정도 되는 것이다. 화를 내면 상대가 어떻게 받아들일지, 관계가 틀어지는 것은 아닌지, 또한 제3자가 어떻게 생각할 것이며 나의 편을 들어줄 것인지, 이러다 지나치게 감정적인 사람으로 낙인찍히는 것은 아닌지 등등.

분노가 나를 지켜내는 소극적인 차원을 넘어 상대의 싫은 점을 바꾸고, 심지어는 상대를 장악해 복종시키고 싶은 심사에서 나오는 것이라면, 그런 의도를 감추기 위해서라도 가장해야 할 부분이 많아진다. 지나친 감정 표현은 상대의 의구심을 자아내며 조화롭지 못한 부분을 금세 드러내고 만다.

과거 후배에게 퍼부었던 분노 또한, 그를 복종시켜 선배 대접을 받아보겠다는 얕은 심사에서 비롯되었기에 눈치 빠른 그가 적당히 모면하려 했는지도 모른다.

마음속 감정이 펄펄 끓어올라도 그것을 냉정함의 그릇에 담아낼 수 있는 일종의 '화낼 준비'가 필요하다는 사실을 우리는 화를 폭발시켜 말썽이 일어난 뒤에야 기억해낸다. 정말 쉬운 일이 아니다.

지혜로운 사람은 미움의 감정을 자제할 줄 안다. 자신보다 나은 사람을 미워하는 것보다 더한 손해가 없기 때문이다. 뛰어난 사람과 친하게 지낼수록 자신이 나아지고, 그들을 미워할수록 자신은 보잘것없어진다.

● 그라시안

성인군자들의 냉정이란 마음의 불안과 동요를 가슴속 깊이 숨기는 기술이 뛰어남을 말한다.

● 라 로슈푸코

약간이라도 냉정을 찾아 화낼 준비를 할 수 있었다면 후배와 그처럼 사이가 나빠지지는 않았을 것이다. 심한 말까지 퍼부어 놓고 한동안 후회하며 미안해할 필요도 없었을 것이다. 수긍하지 않는 그를 공격한답시고 심한 모욕을 줘버린 것에 대해서 말이다.

공격과 모욕은 다르다. 공격은 잘못이나 견해에 대한 것인 반면, 모욕은 그의 됨됨이에 대한 것이므로 당하는 입장에서 한층 치욕스럽다. 화가 치솟았더라도 한 템포 쉬고, 다른 후배들 앞에서 그가 창피하지 않게 따로 불러서, 정확하게 전해야 할 메시지 중심으로 분노를 표현했어야 했다. 그럼으로써 후배의 태도와 스타일이 개선되었다면 데면데면하던 사이가 서로에게 윈-윈이 되는 관계로까지 발전할 수 있었을지도 모른다.

후회한다는 것은 자신이 저지른 잘못을 뉘우쳐서 그런 것이 아니다. 그보다는 그것이 내게 돌려줄 화가 두렵기 때문이다.

● 라 로슈푸코

　비난이나 모략의 함정에 빠지면 부처가 아닌 다음에야 누구나 분노를 터뜨리기 마련이다. 당연한 반응이고 정당한 방어 본능이다. 분노는 뭔가를 이루기 위해 강하게 사용하는 감정 표현이기도 하다. 그러니까 화를 내는 것 자체는 그다지 창피한 일이 아니다. 하지만 분노를 표현했는데도 결과적으로 얻은 게 없고, 외려 관계를 잃었을 뿐이라면 그 분노의 표현 방식에 문제가 있는 것이다. 이게 창피한 일이다. 그래서 분노는 후회를 동반할 때가 많다.

　후회의 끝자락에 이르면 우리는 이렇게 생각한다.

　'왜 그때는 유머로 맞서는 지혜를 발휘하지 못했을까. 여유를 갖고 유머로 맞섰더라면 그들이 준비한 함정에서 빠져나오는 동시에 한방 먹일 수 있었을 텐데.'

　진정으로 강한 감정의 표출은 우격다짐식 혹은 모욕주기식 분노가 아닌 것 같다. 그보다는 굳은 의지를 부드러운 말 속에 심는 전달법이 훨씬 강력해서 비난이나 모략으로부터 나를 지켜내는 것은 물론, 내가 원하는 바를 상대에게 관철시킬 때가 많다.

나는 '이만한 사람'이 맞습니다

고대 그리스 학자 디오게네스 라에르티오스가 당시 최고의 현자로 알려진 탈레스의 가르침을 저서에 수록했다.
"탈레스여, 세상에서 가장 쉬운 일은 무엇인가?"
"남에게 충고하는 것이다."
"그러면 탈레스여, 세상에서 가장 어려운 일은 무엇인가?"
"자기 자신을 아는 것이 가장 어렵다."
다 아는 것 같으면서도 잘 알지 못하는 게 바로 자신이다. 미로와도 같은 자기 마음과 파악이 안 되는 자기 주제, 자신이 무엇을 모르는지도 모르는 게 우리들 대부분이다.
우리는 입버릇처럼 말한다. 'OO만 있으면…' 'XX만 하면…'

그러면 나도 동경해온 사람들처럼 될 수 있을 것 같아 조바심이 난다. 하지만 그것을 이루고 나면 곧바로 소용이 없다는 것을 깨닫는다. 그들과 같은 사람이 되지 못한 것이다. 그래서 또 바란다. 내게 없는 것, 부러운 대상들에게 있는 것들을.

돈을 주고 살 수 있는 대상이 개중 쉽고 간단하다. 자동차나 취미용품, 비싼 옷, 고가의 액세서리, 넓고 잘 꾸며진 집…. 하지만 그런 것들을 장만해 두르고 치장을 해도 큰 소용이 없다.

> 사람 중에는 꾸미는 데만 치중하며 타고난 모습을 버리려 애쓰는 부류가 있다. 인간이 흔히 다른 이에게 불쾌감을 주는 이유는 자기의 지금 얼굴에 외양과 태도를 일치시키지 못하고, 자기의 말투와 말솜씨가 생각이나 감정과 별개이기 때문이다.
>
> ● 라 로슈푸코

스스로가 '큰 인물'이 못 된다는 비극, '딱 이만한 사람'일 뿐이라는 진실을 숱하게 터지고 깨지면서야 깨달았다. 거물 옆에 선다고 거물인 것은 아니었다. 큰 인물을 흉내 내느라 무리를 하다가는 크게 위험해진다는 사실을, 직접 겪어본 좌절과 주변 사람들의 실패를 통해 절감했다. 스스로가 무엇을 모르는지도 모른 채, 세상을 함부로 보고 무작정 달려들면 그게 바로 '촌티'다.

슬픈 각성이다. 강하지도 스마트하지도 못한 처지를 받아들일 수밖에 없다는 것은. 그러나 크지 않은 사람에겐 그에 걸맞은 생존의 지혜가 있기 마련이다.

> 대부분의 사람은 자신의 타고난 적성을 모른 채 뚝심으로만 밀고 나가다 결국 어느 분야에서도 평범한 사람이 되고 만다. 재능이 없는 일에 열정만으로 매달리다가 오랜 시간이 지난 후에 다른 적성을 찾는 것이야말로 가장 안타까운 일이다.
> 자신의 소질을 정확히 알고 있는 사람은 그 분야에서 최고가 될 수 있다. 판단력이 뛰어난 사람이 있는가 하면, 용기가 남다른 사람도 있다. 순발력이 좋은 사람도 있고, 체력이 강한 사람도 있다. 지능이 우수한 사람도 있고, 감성이 풍부한 사람도 있다.
> ● 그라시안

내세울 만한 형편이 아니어서 내키지는 않으나, 이쯤에서 스펙 이야기를 하지 않을 수가 없다. '스펙은 중요하지 않다'는 희망 섞인 주장에도 불구하고 사실, 우리 사회에선 스펙이 매우 중요하다. 체감 기준으로는 더욱 그렇다.

스펙은 나의 본질이라고는 할 수 없지만 나라는 페르소나 가운데 매우 중요한 한 가지로 인식된다. 대학 간판이 특히 그렇다. 출신 대학과 전공은 평생을 꼬리표처럼 따라다닌다. 서른이 훌쩍 넘은 직장인이 재수 안 한 것을 후회하고, 예순이 넘은

할아버지가 대학 나오지 못한 것을 한으로 여긴다.

학력 차별을 없애는 데 앞장선다는 일부 언론조차 입시 혹은 대학가 소식을 다룰 때에는 주요 대학, 이른바 메이저 소식 위주로 전한다. 그런 신문사의 주요 멤버들 또한 메이저 대학 출신이다.

잘 다듬어진 공식적인 입장과, 날것 그대로의 현실 사이에는 상당한 격차가 있다. 세상이 보여주는 공식 입장을 액면 그대로 받아들였다가는 순진한 기대에 부풀었던 것까지 합쳐서 곱절로 상처를 받게 된다.

"대단하진 않지만, 이게 바로 나야."

그런 사람임을 인정하고 나서야 생각하지 못했던 가능성을 발견했다. 이미 지나가버린 것은 어쩔 수 없으니 뒤로 남겨놓고, 눈앞에 펼쳐져 있는 삶의 다른 과목들에서 좋은 성적을 낼 수도 있다는 가능성 말이다.

세상 이치도 조금은 깨달았다. 실패를 거듭해본 결과, 노력이 성공과 반드시 직결되어 있는 것은 아님을 이제 안다. 꿈과 성취도 별개라는 점을 인식하기에 섣부르게 기대했다가 상처받을 일도 적다. 그러니 내게 맞는 인생 과목을 선택해 집중한다면 성공까지는 아니더라도 꽤 만족스러운 일상 정도는 만들어낼 수 있지 않을까.

> 신중한 자세란 자신에 대해 곰곰이 생각하는 것을 말한다. 즉, 자신의 기질을 파악하고 나아가 타고난 능력과 후천적 노력의 균형을 맞추기 위해 자신의 드러나지 않은 부분까지 살피는 것을 말한다. 자신을 아는 것에서부터 변화가 시작된다.
> ● 그라시안

나를 알기 어려운 것은 내가 쉼 없이 바뀌기 때문이기도 하다. 경쟁에서 지는 것을 못 참는 성격 덕분에 좋은 스펙을 갖는 데는 성공했으나, 그 이후의 '자기 인생'에선 '나'를 찾아내지 못하고 헤매는 사람도 여럿 보았다.

끊임없이 바뀌는 나를 알아가며 과거의 나를 후회하기도 한다. 나에 대한 감정이나 태도는 최소한 내가 선택할 수 있었는데 예전의 나는 왜 그토록 나를 함부로 여겼던 것인지. 누군가 어려운 환경에서 고시에 합격했다는 뉴스라도 나오면 일일이 비교해가며 스스로를 몰아세워 자책을 했다. 뉴스가 된다는 것은 매우 드문 일이기 때문인데, 그것을 일반화시켜 나 자신을 학대할 소재 거리로 사용한 것이다.

그때의 나로 돌아간다면 이렇게 말해주고 싶다.

"나 좀 그만 괴롭혀."

이제라도 스스로가 '이만한 사람'임을 알게 되어 다행이다. 그것을 인정하고 나니 남이 어떤지도 눈에 들어온다. 무엇이 공통점이며 어떻게 다른지, 또한 그렇기에 서로 존중을 주고받을 이유가 충분하다는 것까지.

학교 공부와는 달리, 인생 공부의 결과가 아직은 채점이 끝나지 않는 쪽으로 분류되는 것도 큰 위안이다. 내가 약한 존재임을 알기에 더욱 조심하며 실력을 갈고닦을 수밖에 없다. 약하기 때문에 더욱 단단해질 여지가 있는 것이다.

현명함은 색맹이다

　에스키모들이 설원을 썰매로 이동한다. 썰매개들이 부채꼴 대형으로 일사불란하게 달린다. 가장 기다란 줄에 묶여 선두에서 달리는 게 리더다. 듬직하고 영민하며 아름답기까지 하다.
　그런데 모든 썰매개들이 활기차게 질주하는 것은 아니다. 그중에는 밧줄이 느슨한 한 마리가 끼어 있다. 달리는 속도가 처지고 힘도 약해 보인다.
　썰매개들의 사정을 알지 못하는 관광객들의 감상 포인트는 둘 중 하나다. 어떤 이는 리더만 본다. 썰매개 무리에서 가장 호감을 받는 녀석이다. 반면 어떤 이는 약하고 볼품없는 개를 주로 살펴본다. 불쌍하다고 동정의 눈길을 보내기도 하지만 한심하게 여기는 이도 있다. 썰매를 끄는 데 도움도 안 되는 개가 왜 무리 속에 있느냐는 것이다.

무엇을 주로 보느냐는 가까운 사람을 살피는 데도 다르지 않게 적용된다.

여자 동창생들이 친구의 집에 모였다. 어떤 동창은 그녀가 가족들과 어떻게 즐겁게 지내는지에 관심을 보이는 반면, 또 다른 동창은 사진 속 남편의 어정쩡한 스타일이나 시댁과의 갈등을 화제로 올리려 한다. 아인슈타인도 사람들의 이런 차이에 관심이 많았던지 이런 말을 남겼다.

"낙관주의자는 어디서든 녹색 신호를 본다. 비관주의자는 어디서든 붉은 신호를 본다. 그러나 진정으로 현명한 사람들은 색맹이다."

> 좋은 것을 찾아내려는 취향을 가진 사람이 있는가 하면 나쁜 것을 찾아내려는 취향을 가진 사람도 있다. 어떤 사람은 수천 가지 장점 가운데 굳이 한 가지의 단점만을 찾아내서 비난한다. 이런 이는 다른 사람들의 결점을 모두 긁어모으는 넝마주이와도 비슷하다. 좋지 않은 것만 주워 모으는 까닭에 불행과 함께 살아간다.
>
> ● 그라시안

나쁜 것에 집중하는 사람들은 공격 성향이 강하다. 다른 이의 부정적인 측면을 찾아내어 뾰족한 가시로 찔러댄다.

"그런 대접을 받고 자존심 상해서 어떻게 살아?"

대개는 부정적인 면이 약한 부분일 때가 많다. 무르기 때문에 가시가 쑥 들어간다. 가시에 찔린 상대는 고통에 얼굴을 찌푸리면서도 웬만하면 내색하지 않으려 한다. 그런데 어떤 사람들은 강한 반발력으로 가시를 튕겨낸다.

"자존심, 하나도 안 상해. 언젠가는 상황을 바꿀 수 있을 테니까."

남의 약점 공격이 무위로 돌아가면, 튕겨져 나온 가시가 그 주인에게 돌아가 깊숙하게 박혀들기 마련이다. 남을 아프게 하려 했던 달콤한 기대가 무너진 것이 아프고, 상대가 그 정도 공격으로는 끄떡없는 사람임이 드러나 스스로가 초라하게 느껴지는 것을 참을 수 없는 것이다. 계단을 내려가다 크게 헛디뎌 다치는 양상과도 비슷하다. 남의 단점에 관심이 많은 사람들이 상처를 자주 받을 수밖에 없는 이유이기도 하다.

> 모든 것에는 양면성이 있다. 어떤 일에나 유리한 점이 있는가 하면 불리한 점도 있기 마련이다. 그러므로 어렵게 보이는 일도 그것의 장점을 끌어내면 오히려 즐거움의 대상으로 바뀔 수 있다. 지혜로운 사람은 언제나 긍정적인 측면에서 바라본다.
> ● 그라시안

가시 공격을 당하면 어쩔 수 없이 아픈 부위 가운데 하나가 외모다. 이미 그렇게 태어난 것, 스스로 선택의 여지가 없었던 점을 대상으로 차별적이고도 모욕적인 발언을 듣는 경우다. 하지만 이렇게 불리했던 부분마저 단련시켜 발전의 동력으로 삼은 이들도 있다.

소크라테스는 당대의 대표적인 추남이었지만 진리에서 아름다움을 발견하는 것으로 떨어지는 외모에 멋지게 복수했다. 사르트르는 자신의 철학이 남들보다 추한 외모와 평생에 걸쳐 투쟁해온 결과물이라고 털어놓은 적이 있다. 자기의 부정적인 측면으로부터 긍정적인 면을 끌어낸 셈이다.

대부분의 물고기나 고래, 펭귄의 공통점은 등이 검푸르고 배는 밝은 색이라는 것이다. 이유가 있다. 위에서 내려다보면 검푸른 등짝의 색과 짙은 바다색이 뒤섞여 눈에 잘 띄지 않는다. 밑에서 봐도 양상이 비슷하다. 배 쪽의 밝은색과 하늘의 햇살이 어울려 티가 잘 나지 않는다.

이처럼 주변 환경과 색의 조화를 이뤄 몸을 은폐해 방어하는 것을, 이를 처음 발견한 화가 테이어Thayer의 이름을 따서 '테이어의 법칙'이라 부른다. 실제로 강하고 **빠른** 천적들은 짙은 바다색 혹은 환한 햇살로 인해 먹잇감을 발견할 때 혼선을 겪는다.

태엽이나 톱니바퀴와 같은 장치는 숨겨져 있어 눈에 띄지 않는다. 시계는 바늘만이 밖으로 나와 있어서 우리가 인식하지 못하는 사이에 한 바퀴를 돈다.

● 라 브뤼예르

　내가 약할 때에는 강한 적과 맞서 싸우는 것보다는 도망치는 것이 현실적이며 더 이로운 선택이다. 도망치는 것보다 더 현명한 선택도 있다. 아예 눈에 띄지 않도록 스스로를 감추는 것이다.

　위험한 사람들로부터 안전을 도모하는 방책 또한 테이어의 법칙에서 힌트를 얻을 수 있다. 그들 가운데 절대 다수가 위에서 내려다보는 관점을 갖고 있기에 검푸른 등으로 헤엄치는 물고기처럼 드넓은 바다의 일부가 되어 시야에서 사라지는 것이다.

　숨는다고 비겁한 것은 아니다. 비겁함은 현실주의에서 통용되지 않는 개념이다.

　썰매개 중에서 약하고 볼품없는데다 잘 달리지 못하는 한 마리도 무리를 위해 공헌하는 바가 있다. 채찍으로 맞을 때마다 처량하게 우는 소리를 내어 다른 썰매개들로 하여금 힘이 나도록 하는 것인데, 땅을 후려치는 채찍 소리만으로도 엄살을 부리는 녀석이 그 역할을 맡는다.

강인한 썰매개들이 달리는 만큼, 녀석도 비록 약한 체력이지만 완주를 한다. 주인으로부터 같은 관심과 먹이를 얻기 위해서다. 불쌍하거나 한심하게 보는 것은 인간들의 관점일 뿐이다. 녀석은 썰매개로서의 운명을 자기 몫만큼 살아갈 뿐이다. 게다가 개들은 녹색 신호와 붉은 신호를 구분하지 못한다. 색맹에 가깝다.

무심한 곁눈질

 학생 때 고시를 준비하는 스터디 모임에 참여해본 적이 있다. 스터디 팀은 멤버 모두가 실력이 탄탄한데다 팀워크까지 좋은 것으로 정평이 나 있었다. 고시에 패스한 선배들이 자주 찾아와 노하우를 전해준다는 이점도 있었다.

 처음 참석하던 날, 한 친구가 턱짓을 하며 다른 친구에게 물었다.

 "쟤는 왜 왔대?"

 무시와 경멸의 의사표현이었다. 반겨주지 않는 멤버가 아니꼬워도 어쩔 수 없다는 사실을 받아들이기로 결심했다. 말도 걸어주지 않았지만 모임의 일원으로 자리 잡기 위해 눈치 빠르게 처신해야 했다. 그러나 그 친구는 스터디를 할 때마다 사사건건 트집을 잡았다. 시간을 들여 준비해간 자료를 휘리릭 넘겨보고는 어이없다는 듯 웃으며 혼잣말을 하곤 했다.
"정말 보탬 안 되네."

> 당신에 대한 헛소문을 잠재우는 가장 효과적인 방법은 그것에 대해서 모르는 척하는 것이다. 맞서 싸우고 반론할수록 사람들은 당신을 믿지 않고, 비방한 상대는 교묘한 만족감을 느낄 것이다.
> ● 그라시안

배우기 위해 모멸감을 감수해야 할 때가 있다. 특히 뒤처져 있는 사람이 나 혼자뿐이라면 '배운다'는 말 속에는 '참고 버틴다'는 뜻이 이미 내포되어 있다고 봐야 한다.

스터디 모임에서의 경험이 그 후 사회생활을 하는 데 영감의 원천이 되어주었다. 회사에서 가르쳐주는 기본 업무 외에 정말 중요한 것들은 눈치껏 스스로 배워야만 한다는 사실을, 과거 스터디 모임에서 겉돌았던 경험이 마치 나침반처럼 방향을 가르쳐주었기 때문이다.

회사는 학교처럼 하나부터 열까지 가르쳐주는 법이 없다. 선배들을 관찰하고 눈썰미로 익히며 기본 이상의 차별화 포인트를 만들어나갔다. 우리가 말로 표현해낼 수 있는 것은 세상의 일부에 지나지 않는다는 사실을 차츰 알게 되었다. 정말로 중요한 어떤 것들은 필설로 형언하기 어려운 영역에 속해 있다. 단순한 경험이나 확률적 분석을 뛰어넘는, 막연하지만 확신이 드는 '감' 같은 것 말이다. 그것이 무엇인지는 구체화되어 모습을 드러낸 뒤에야 사후적으로 설명할 수 있다.

그런데 이런 영역의 성취는 서두른다고 빨리 이룰 수 있는 게 아니었다. 숱하게 거절을 당하고 실패와 성공을 반복하는 과정에서 조금씩 알아지는 것들의 총 집합체였다.

> 원하는 것을 당장 얻을 수 없다고 해서 속을 끓일 필요가 없다. 때로는 무관심함으로써 원하는 것을 가질 수 있다. 이상하게도 진심으로 원하는 것은 태연하게 기다리면 저절로 우리에게 다가오기 때문이다. 어떤 일은 잡으려고 다가가면 멀어지고, 멀어지면 그만큼 다가오는 그림자와 같다.
> ● 그라시안

견제하는 마음의 발로는 두려움이다. 앞서가는 입장이라도 다르지는 않다. 지금의 자리를 계속 유지할 수 있을지 안심할 수 없는데 낯선 경쟁자가 등장한다면 겉으론 무시하면서도 마음 한구석에선 부담스러운 것이다.

어린 시절 지켜보았던 '우리 반 1등'의 신경질이 그렇다. 우리 반 1등이었던 그 아이는 학년이 바뀌어 올라간 새 교실에서 친구들을 둘러보고는 여유 있는 웃음을 지어 보인다. '올해도 내가 1등이 확실하구나' 하는 득의만만한 미소다. 한데 며칠 후 전학을 온 친구가 마음에 걸린다. 게다가 작년까지 처져 있던 친구가 쪽지시험에서 연이어 만점을 받으며 무서운 기세로 치고 올라온다.

줄곧 1등이었던 친구는 심리적 압박을 견디지 못한다. 실력을 행사해서라도 자기의 두려움을 다른 아이에게 전가하려 한다. 1등 친구가 간혹 드러냈던 공격성이 날선 예민함과 경계심의 산물임을 어른이 되어서야 알게 되었다.

> 흔히 말하는 힘에서, 그것을 보존하고 싶은 욕망과 잃지나 않을까 하는 두려움을 제거한다면 뒤에 남는 것은 빈 껍질뿐이다.
>
> ● 라 로슈푸코

"쟤는 왜 왔대?"라고 말했던 그 친구는 고시에 여러 번 실패한 뒤 다른 길을 선택했지만 사정이 그다지 좋지 않다는 소식을 전해 들었다. 독수리 같던 기세가 꺾였으니 더 참담해진 것인지도 모른다. 그런 점에서 '좋았던 과거와 불만족스러운 현재'만큼 사람을 우울하게 만드는 조합이 없다.

반대로 불만족스럽던 과거가 지금을 보는 관점에 넉넉한 여유를 불어넣어줄 때도 있다. 괴롭고 한심하기까지 했던 기억의 반추가 눈앞의 현실에 후한 점수를 부여하는 것이다. 현재의 사정이 대단히 좋은 것은 아닐지라도 예전에 비해서는 낫다고 인식하려는 일종의 '셀프 힐링'이다.

> 지혜로운 사람은 자기가 할 일은 행동으로 보여주고, 끝낸 일은 거듭해 설명하지 않는다. 침묵은 스스로를 보호해주는 방패막이며 마침내는 진정한 승리를 몰고 온다.
> ● 그라시안

지금까지 만난 멘토 가운데 큰 가르침을 주었던 분들은 대개 과묵했다. 아쉬울 때도 있었는데 왜 그랬는지 이제는 알 것 같다. 일종의 '암묵지暗默知'를 스스로 터득할 시간을 주기 위한 것이었다. 뚜렷하게 의식할 수는 없지만 무의식이나 몸으로 깨닫는 지식 말이다.

노력하는 양과 질에 비례한 만큼 우리가 깨닫고 발전하는 것은 아니다. 눈만 뜨면 그 생각에, 눈을 감으면 그것으로 꿈까지 꾼다 한들, 성취의 정도는 또 다른 차원의 문제일 수 있다.

진실은 외려 이었다 끊었다 혹은 몰입하다가 한눈을 팔다가, 집착하다가 거리를 두었다가를 반복하는 과정에서 새기고 다시 새기며 '갈 지之' 자 모양으로 나아간다는 쪽이 맞을 것이다. 다져진다는 게 그런 의미다. 인식과 암묵지 사이, 관심과 거리두기 사이를 오가면서 말이다.

　바둑을 두는 사람보다 뒤에서 훈수 두는 사람이 판을 더 잘 보는 까닭은 집요함의 사각지대에서 한 걸음 비켜나 있기 때문이다. 때로는 곁눈질로 봐야 더 잘 보일 때가 있다.

　그러니까 원하는 일이 뜻대로 풀리지 않는다고 해서, 아직 멀었다고 해서 낙담할 일만은 아니다. 그럴수록 잠시 놓아두는 게 상황을 반전시키는 좋은 계기가 될지 누가 알겠는가.

'메티스'에 이르는 길

누구나 새로운 것에 도전해보고 싶은 충동을 느낄 때가 있다. 낚시일 수도 있고 프라모델 조립이나 로드바이크, 드론 조종일 수도 있다. 둘러보면 다들 나름의 방식으로 일상의 창을 열어 수시로 마음의 환기를 시키려 한다. 영화며 연극, 뮤지컬을 자주 보러 가거나 독서 혹은 글쓰기 세미나에 참석하는가 하면, 머리 모양과 차림새를 바꿔가며 스타일에 변화를 주기도 한다.

경제적 여유가 있다면 도전해볼 수 있는 범위가 크게 늘어난다. 다만 그런 시도들을 통해 진정한 즐거움을 얻을 수 있느냐는 별개의 문제다.

> 재산이 많은 사람은 온갖 맛있는 요리를 먹고 화려하게 꾸며진 집에서 살며 귀족을 배우자로 맞아들여 아들까지 대귀족으로 만들 수 있다. 다만 그가 만족스럽게 살아갈지 여부는 다른 차원의 일이다. 아마도 그것은 다른 종류의 사람들에게나 해당하는 일일 것이다.
> ● 라 브뤼예르

취향과 만족은 돈만으로 해결할 수 있는 게 아니다. 아무리 비싼 송로버섯 요리라도 취향이 아니라면 아르바이트 학생이 처음 구워낸 붕어빵보다 만족도가 떨어질 것이다. 돈으로 해결하려 했다가 이리저리 돌아다니며 찔끔찔끔 간만 보며 어느 것 하나 익숙해질 틈이 없다는 게 불만족의 본질일 수도 있다.

취향은 두 가지 얼굴을 동시에 가지고 있다. 한두 번 해본다고 눈이 확 뜨이는 게 아니다. 사람이나 상황에 따라 다르겠지만 처음부터 딱 맞아서 단번에 그 분야의 애호가로 탈바꿈하는 경우란 거의 없다. 그러나 취향의 또 다른 얼굴을 보면, 그저 남들이 하는 게 좋아 보여서 별 생각 없이 따라 했다가 진짜배기를 만나기도 한다.

다만 해당 분야에서 상당한 수준에 이르려면 그만한 안목을 쌓아야 한다. 취향 역시 내공이 필요한 영역이다. 하지만 많은 사람들이 공들여 쌓는 과정은 생략한 채 높은 안목만 서둘러 인정받으려 한다는 게 문제다.

> 대부분의 사람은 자기의 천성에 따르기를 거부한다. 결코 자기가 원하는 대로 보여질 수 없는데도 쓸데없이 자신과 다른 인격체로 보이려고 애를 쓴다.
>
> ● 라 로슈푸코

영화만 해도 그렇다. 유명 평론가나 블로거들이 극찬했다는 소리에 예술 영화를 서너 시간 동안 앉아서 고통스럽게 본다. 이해가 안 가는 것은 물론이고 지루하고 힘들고 짜증까지 난다. 그러나 한편으로는 쉬운 영화만 봐서는 발전이 없는 것도 사실이다. 악의 세력을 닥치는 대로 때려 부수거나 남녀가 사랑하고 헤어졌다가 다시 만난다는 내용이 설정만 바뀐 채 반복될 뿐, 마음속에 여운을 긴 꼬리로 남겨주는 낯설고 새로운 감동은 경험할 수 없기 때문이다.

취향을 통해 자신감과 유연함을 확인할 때가 있다. 예컨대 세상이 '이 영화를 본 사람과 못 본 사람' 해가며 사람을 두 부류로 나누고 선택을 강요할 때다.

이럴 때 세상이 내게 원하는 것은 '열광에의 동참'이다. 외톨이가 되지 않으려면 기꺼이 열광해야 하며 다른 사람들과 경험을 공유해야 한다는 것이다. 우리는 그 대열에서 소외될까봐 두려워서라도 여기저기 퍼 나르며 열광의 확실한 동조자임을 증명해야 한다.

하지만 진정한 의미의 취향은 레밍 무리의 질주와도 같은 이런 대열에 무조건 휩쓸리지 않는 자신감에서 비로소 찾을 수 있다. 슬며시 동참해 즐겨볼 수도 있고, 끝내 관심을 꺼버릴 수도 있다. 다만 함께 하되 같아지지 않으며, 홀로 서되 동떨어지지 않는 경계선을 허무는 자신감이야말로 '내 취향'의 출발점이자 목적지라 할 수 있다.

이런 점에서 취향은 그 대상을 내게 맞게 수렴해가는 것이며, 동시에 나의 본질과 가능성을 발견하는 또 다른 계기이기도 하다. 즐겁고 보람차며 의미 있는 것이라면 취향이 곧 나인 것이다. 남과 다른 나.

> 사람들은 허영심이나 우쭐하게 해주는 것들에 익숙해져 가벼운 기분으로 그것을 좇는다. 다른 사람들이 좇으니까 자기도 좇는 것이다.
> ● 라 로슈푸코

라 로슈푸코의 말대로, 사람들은 그렇게 발전한다. 허영심이나 우쭐함이 매우 중요한 성취의 동기다. 처음에는 남을 따라서 시작했으나 그중에서 적지 않은 사람이 결국에는 나 자신을 그 과정에서 찾아낸다.

소년기의 끝자락에 접어들 무렵, 동화책 대신 어른들이 보는 어려운 책을 슬그머니 펼쳐들던 그 순간을 기억한다. 무슨 소리인지 이해할 수 없어 대충 넘어갔지만 책의 남은 부분이 읽은 분량에 비해 크게 줄어들 즈음에야 전체 맥락에 견줘 어렴풋이 감을 잡을 수 있었다. 뒤늦게 밀려오는 감동이 가슴을 가득 메웠다.

소년은 자라서 이제 영화와 음악의 세계도 기웃거린다. 앞서 간 사람들을 모방하면서 다양한 영화와 음악을 섭렵해간다. 차근차근 알아가는 과정의 즐거움, 성과주의에 쫓기느라 한동안 놓치고 살았던 재미와 보람을 느끼는 순간이다. 소년기의 끝자락에서 느꼈던 본격 독서의 감동과도 비슷하다.

따라 하다 보면 더 많은 기회가 생기고, 두루 살피는 과정에서 나름의 취향이 만들어진다. 취향은 다투면서 정이 들었던 어린 시절 친구처럼 평생 붙어다니며 새로운 호기심을 선사한다. 변화에 도전해 스스로를 극복할 기회를 선물하기도 한다.

옛 그리스인들이 지식의 최고 단계로 일컬었던 '메티스metis'에 이르는 길과 비슷하다. 오랜 관찰과 경험 끝에 이뤄내는 지혜의 상태라는 점에서도 그렇다. 메티스의 경지에 오르면 상황의 일반적인 속성을 이해할 뿐만 아니라 변화의 작은 가능성까지 낱낱이 꿰게 된다. 요리사의 경우라면 재료를 어떤 크기로 얼마나 잘라서, 물이 어느 정도로 끓는 순간 넣은 뒤, 몇 분을 기다려야 할지 감으로 아는 정도랄까.

자기의 취향이기에 오랜 경험과 직관을 통해 그런 경지에 도달하게 된다. 그러나 이런 경지도 처음엔 자기 취향을 알아채지 못한 채 남을 무작정 모방하는 것에서부터 시작된다. 그러므로 '따라쟁이'란 절대 창피한 노릇이 아니다.

그렇게 아버지가 된다

어린 시절, '존경하는 사람' 중에 여러 아버지들이 있었다. 거룩한 학벌을 가진 인텔리 아버지, 가진 게 많은 부자 아버지, 한없이 자상한 천사 아버지, 그리고 그 모든 미덕을 두루 갖춘 슈퍼맨 아버지까지 그야말로 눈부시기 짝이 없는 아버지들이 있었다.

그런데 그런 아버지들과는 다른 아버지도 있었다. 대단히 내세울 만한 게 없는 평범한 아버지, 그 아버지만은 유독 가까이에 있었다. 철 모르던 시절에 '평범하다'는 말은 '쪽팔리다'는 말과 동의어였다. 우리는 어쩌다 한 번씩 스스로의 평범함에 질려서 남들의 특별한 것들만 추려내어 종합선물세트로 만들어놓고 부러워하는 변덕을 부린다.

> 사람들은 대상을 있는 그대로 보지 않는다. 실제보다 높게 아니면 낮게 보기를 좋아하고, 있는 모습 그대로 받아들이지 않는다. 그 결과 수많은 거짓이 생겨난다.
> ● 라 로슈푸코

남자들에게 아버지란 '여자들의 엄마'와는 다른 종류의 인간이다. 아버지와 아들의 세계는 마음의 탯줄 같은 것으로 이어져 있지 않다. 아들은 아버지를 식구 중에서 가장 멀게 느낀다. 시간이 흐른 뒤에 되돌아보면 '친하지 않은 미래의 나'를 당시의 아버지를 통해 미리 만난 것 같은 데자뷔를 경험할 때도 있다.

시간이 흐르자, 예전에 존경했던 아버지들을 다른 관점으로 보게 되었다. 특히 어린 시절, "우리 아버지가…"로 대화의 주인공이 되었던 아버지들이 가장 먼저 눈에 들어왔다. 세상의 중심이자 모든 판단의 준거였던 그 아버지에게서 앞뒤가 맞지 않음을 자꾸, 그것도 뒤늦게 발견하게 되었다. 흔히 과장과 허풍은 지성이 부족하며 가치관이 올곧지 않음을 드러내는 지표다. 품위를 해치는 것은 물론이다.

그러나 아버지들은 다만 아팠는지도 모른다. 스스로의 기대만큼 성장하지 못한 자신을 인정하는 게 죽는 것보다 아팠을 수 있다. 그래서 아들한테만은 자아를 부풀려 아버지라는 거대한 그림자를 과시하고 싶었을 게다. 아들도 진즉부터 그것을 느꼈기에 "우리 아버지가…"를 입버릇 삼았을 가능성도 있다. 끝내 현실에 눈 뜨지 않기를 기도하는 심정으로.

> 거짓말쟁이는 두 가지 점에서 피해를 본다. 그는 남을 믿지 못하고, 다른 사람들도 그를 믿지 않는다는 것이다.
> ● 그라시안

"거의 모든 백인들의 마음속에는 흑인과 백인을 무분별하게 융합하자는 견해에 대한 선천적인 혐오감이 있다."

"나는 카스트제도(인도의 신분제)를 인생의 법칙이라고 믿는다. 자신이 속한 카스트를 탓하지 않는 게 좋다. 그것이야말로 진정한 겸양의 표시다."

미국 인종차별 단체나 인도 극우 정치인의 발언이 아니다. 위는 링컨의 연설이며 아래는 간디의 말이다. 링컨은 흑인들을 미국이 아닌 아프리카나 아이티, 중부 아메리카 지역으로 보내 식민지를 개척하자고 주장했다. 간디는 영국의 인종차별에는 저항하면서 인도 내부의 신분 차별에 대해서는 너그러웠고 장려하기까지 했다. 그러나 이들은 미국 역사상 가장 존경받는 대통령과 인도의 성자로 추앙을 받는다.

어딘가가 튀어나와 있다면 반대로 움푹 들어간 곳도 있기 마련이다. 완벽한 사람도, 결함이 없는 사람도 없다. 그럼에도 우리는 완벽을 요구한다.

언론이 상투적으로 쓰는 마케팅 수법 가운데 하나가 과대 포장이다. 뛰어난 업적을 이룬 인물은 인간성까지 훌륭해야 마땅하다는 논리를 들이대며 시시콜콜 사연을 찾아내 감동으로 포장하려 든다.

그러나 진실의 그래프는 업적과 인간성이 정비례 관계가 아님을 보여줄 때가 많다. 치열한 경쟁이 당연시되는 정치나 경제 분야는 논외로 치더라도, 인간성 좋은 사람이 학문이나 기술, 예술 분야에서 커다란 족적을 남기는 것 또한 쉽지 않다. 주변 사람들을 챙기고 그들의 바람을 들어주다보면 어딘가 틀어박혀 위대한 성과를 이뤄낼 짬이 없다는 쪽이 맞다.

완벽하지 않은 우리의 아버지들 또한 비슷하지 않을까? 시대적으로도 챙겨야 할 주변이 능력 이상으로 넓어 자기만의 가능성을 내려놓을 수밖에 없었을지도 모른다. 그래서 아버지들은 "현명하게 살아가라"는 과제를 아들에게나마 온전하게 물려주려고 했을 것이다. 다만 얕보이기 싫어 과장과 허풍을 섞다보니 어떤 모습은 사막의 신기루처럼 보였을 뿐.

칭찬은 호기심을 불러일으키고, 호기심은 욕망을 자극한다. 하지만 물건이 기대에 미치지 못하면 고객은 속았다며 칭찬한 사람과 물건을 싸잡아 비난한다. 현명한 사람들은 과장했다가 신뢰를 잃기보다는 적당히 설명하고 실패하는 쪽을 택한다.
● 그라시안

중대한 일은 간단하게 표현하는 것으로 충분하다. 과장함으로써 오히려 그 가치를 잃는다.
● 라 브뤼예르

어린 시절에는 내세울 게 없던 아버지를, 나이 들어 새롭게 발견하며 놀랄 일이 늘어났다. 어떻게 그 흔한 허풍이나 과욕 없이 남들과 비교하지 않고 묵묵하게 그토록 오랜 세월 동안 혼자만의 길을 꾸준하게 걸어올 수 있었을까.

어른이 되어서야 그 걸음이 얼마나 위대한 족적이었는지를 깨닫는다. 우리가 하품 섞인 표정으로 말하는 '평범하다'는 말 속에는 '한결같음'이라는 이름의 위대함이 숨어 있었던 것이다.

어릴 때의 우리는 진정으로 위대한 아버지를 알아볼 수 없었다. 그만한 안목을 갖지 못했으니 당연한 일이다. 더욱이 남자란 있는 그대로의 자신을 낱낱이 알려 어떤 존재인지 인식시키는 데는 서투른 족속이다.

우리는 거대한 산과도 같은 아버지를, 스스로 부모가 된 뒤에야 비로소 알아볼 수 있다. 그런 아버지는 오랜 세월 동안 평범함이라는 안개 속에 가려져 있다가 어른이 된 우리의 눈앞에 어느 날 불현듯 거짓말처럼 나타난다.

아버지란 본시 그런 존재다.

> 위인은 가까이 다가갈수록 평범해 보인다. 작은 사람에게 위인이 훌륭해 보이는 것은 드문 일이다.
>
> ● 라 브뤼예르

숯과 다이아몬드

돈키호테형 인간이 있다. 그들은 입만 열면 '나를 (무조건) 따르라'고 말한다. 요구대로 따라주지 않으면 뒤탈이 생긴다. '나만 옳다'는 확신이 지나친데다 자기가 하면 다 되는 줄 안다. 마음대로 풀리지 않는 것을 참지 못한다는 쪽이 더 정확한 표현일 것이다. 누군가 그들에 대해 "떠받들려 키워져서 그럴 것"이라고 말하는 걸 들은 적이 있다.

이런 인간형의 문제점이 극명하게 드러나는 현장이 바로 가정이다. 이들 대부분은 '수퍼갑甲'으로 군림하며 나머지 식구들을 궁지로 몬다. 배우자를 로봇 또는 바보로 만들고 아이를 대리성취의 수단으로 삼는다. 불만투성이 불행한 가족이 탄생하지만 문제의 핵심이 자신이라는 사실을 혼자만 모른다. 자기는 최선을 다하는데 배우자와 자식이 따라주지 않는다고 원망한다.

그런 가족을 버리고 새 출발을 시도하는 경우도 있다. 더 나은 배우자를 만나 인생을 다시 시작해보겠다는 야망을 실현하기 위해서다. 그러나 대개는 구관이 명관이다. 떠받들려 키워진 사람의 재앙은 본인 하나의 괴로움에 그치지 않는다. 겉으로는 나이가 들더라도 속은 미성숙한 아이인 채로 남아 있어 책임이라는 것을 통감할 기회가 없기 때문이다.

> 현명한 사람들이 배척하는 것이면 무엇이든 좋아하는 고집스러운 취향을 가진 사람들이 있다. 이들은 세상의 규칙을 우습게 여겨 따르지 않고 자기 멋대로 온갖 기행을 일삼으며, 그 때문에 결국에는 세상의 조롱거리가 된다.
>
> ● 그라시안

국가적 고민거리인 저출산을 '자기밖에 모르는 이기주의 탓'으로 돌리는 주장이 있다. 사교육비 부담 때문이라고 보는 시각도 있다. 하지만 이기주의나 돈 때문만은 아닌 것 같다. 보다 근본적인 문제는 두려움이 아닐까 한다. 식구끼리 서로에게 만족하지 못할 수도 있다는, 어쩌면 미워하게 될지도 모른다는 두려움….

가족이 원하는 바를 실현시켜준다는 게 얼마나 힘겨운 일인지 경험하며 자란 세대이기에, 자기 또한 아이에게 그토록 어려운 일을 다시 기대하고 요구하게 될지도 모른다는 그 대물림이 두려운 것이다.

우리는 하루에도 몇 번씩 가족에 대한 양가감정의 레일 위에서 희망과 절망의 롤러코스터를 탄다. 기쁨과 보람을 느끼다가도 돌연 가족이 부담스럽고, 왜 나만 이렇게 희생해야 하는 것인지 억울해서 화가 난다. 함께 살아가면서도 서로에게 이방인이 되고 있다는 슬픈 징후다.

살아가면서 해야 할 것들이 너무도 많다. 따라가기도 벅찬데 새로운 것들이 매일 쏟아져 나온다. 드라마와 광고, 심지어는 몇 분 간격으로 들여다보는 SNS까지. 미디어의 창을 통해 보이는 가족의 모습은 밝고 행복하기만 하다. 그러나 그렇게 되기를 열망하는 마음은 결코 평안하지 않다.

> 평온하고 즐거워 보이는 겉모습이 우리를 속여 실제로는 존재하지 않는 평화를 상상하게 만드는 동안, 가정에서는 불신과 혐오로 인한 풍파가 일어난다. 그 비밀을 외부인들이 냄새 맡는다는 것은 그리 쉬운 일이 아니다.
> ● 라 브뤼예르

'동소체 Allotropes'라는 말이 있다. 같은 원소로 이루어졌으나 모양이나 성질이 다른 물질을 일컫는다. 예를 들면 숯과 다이아몬드, 흑연이 그렇다.

숯과 다이아몬드는 그 원소가 똑같은 탄소다. 하지만 하나는 검은 목탄 덩어리에 불과하고 다른 하나는 찬란한 빛을 내는 값비싼 보석이다. 탄소가 땅속 깊은 곳에서 높은 온도와 엄청난 압력을 견뎌내면 다이아몬드가 되고 그냥 타버리면 숯이 된다. 4개의 탄소 원자가 치밀하게 결합된 다이아몬드는 경도가 매우 커서 지구상의 어떤 물질보다도 강하다. 반면 흑연은 3개의 탄소 원자가 벌집 모양으로 배열되어 있는데 결합이 무척 약하다.

가족은 동소체와 많이 닮았다. 같은 원소로 이루어져 있지만 서로 다른 모양과 성질을 가진, 식구라는 각각의 모습을 하고 있다.

사람은 본능적으로 자신에게 부족한 부분을 추구하도록 설계되어 있다. 자신과 '다름'을 원하는 것이다. 배우자만 해도 그렇다. 얼굴이 뾰족한 사람의 배우자는 둥근 스타일인 경우가 많다. 큰 사람은 작은 짝을, 너무 마른 사람은 듬직한 상대를 만난 것을 흔히 발견할 수 있다. 그렇게 '다른 이'를 원해서 인연을 맺어놓고는, 다름을 싹 무시한 채 돈키호테처럼 "나만 따르라"고 강요한다. 스스로를 다이아몬드로 여겨 숯이나 흑연을 무시하지만, 정작 추울 때 귀한 것은 숯이며 글을 쓸 때 필요한 것은 연필의 흑연이다.

우여곡절을 겪고서야 그런 사정을 인식하게 되는 주변 사람들을 보면, 가족 역시 시간의 흐름에 따라 성장해가는 유기체인 모양이다. 돈키호테 고집에서 벗어나 서로가 같으면서도 다를 수밖에 없음을 받아들이는 과정을 통해 성장이란 곧 '다름의 수용'임을 알게 된다.

> 성격이 급하면 느긋한 사람들과 사귀고, 성격이 무르면 강한 사람들과 어울려라. 그러면 자연스럽게 어느 한쪽으로도 치우치지 않는 중용을 지키게 된다. 다른 사람들과 조화롭게 지내는 것이야말로 가장 성숙한 사람의 태도이다. 상반되는 것들을 적절하게 조화시킴으로써 세상은 더 아름다워지고 잘 유지된다.
> ● 그라시안

"너처럼 곁불이나 쬐는 놈이 제일 한심하다."

돈키호테 친구로부터 비난을 받았다. 다이아몬드처럼 반짝이는 주인공의 인생을 살지 못하고, 그 주변에서 얼쩡거리며 B급으로 살아온 데 대한 친구 나름의 재치 있는 야유였다.

하지만 곁불이면 어떻고 들러리면 어떤가. 드라마는 주연만의 것이 아니다. 때로는 주연이 조연의 곁불을 쬐는 경우도 많다. 예컨대 강렬한 악역 덕분에 주인공이 더 환하게 빛날 수 있다. 사람은 살아가면서 늘 누군가의 곁불을 쬘 수밖에 없는 존재다. 특히 가족이 함께 나누는 따뜻한 정이라는 불은 더 그렇다.

큰 목재를 뜨겁게 가열한 뒤에 산소의 공급을 차단하면 셀룰로스가 분해되어 산소와 수소가 모두 빠져나가고 남은 탄소가 뭉쳐진 검은 숯이 만들어진다. 숯은 연기나 화염이 발생하지 않기 때문에 장작이나 낙엽보다 훨씬 깨끗하고 좋은 연료가 된다.

곁불은 애초에 기대가 크지 않으니 조금만 누리면서도 만족할 수 있다. 불을 수고롭게 지펴준 이에겐 고마움을 잊지 않는다. 누군가 손을 비비며 다가오면 미련 없이 자리를 양보해줄 수도 있다. 그러니 곁불은 더 많은 사람과 정을 나눌 수 있는 열린 기회이자 성숙함이기도 하다.

사랑과 존경의 갈림길

 지인의 청탁을 받아 일을 진행한 적이 있다. 딱히 어려운 부탁도 아닌데다 신세 진 일도 있고 해서 들어주기로 한 것이다. 그런데 예상치 못한 곳에서 브레이크가 걸리고 말았다. 동료들의 호응이 기대 이하였던 것이다. 뜨악한 표정의 후배가 컴퓨터로 누군가와 채팅하는 화면이 눈에 들어왔다.
 '좋은 사람 코스프레를 하려면 혼자 할 것이지, 왜 우리까지 끌어들이려는지 모르겠어.'
 약속은 결국 지키지 못했다. 그 후로도 비슷한 경험을 몇 번인가 더 했고, 다른 사람들 역시 그런 일로 '실없는 인간'이 되는 과정을 심심찮게 지켜봤다.

누구나 크게 다르지 않다. 다른 이에게 호의를 베풀어 호감을 사고 싶은 마음, 나아가 그런 이야기가 사람들 사이에 널리 퍼지기를 바라는 마음이 우리 모두에게 있다.

우리는 어쩔 수 없이 남의 시선을 의식한다. 나의 판단과 행동에 대해 내가 평가하는 것보다는 남이 어떻게 평가하느냐가 사회생활에서 가치 기준이 되기 때문이다. 다만 남의 호감을 사려고 섣부르게 나섰다가는 공연히 역풍을 맞게 될 위험이 있다.

> 존경은 자신이 아니라 다른 사람들의 평가에 달려 있다. 존경받고 싶으면 잠자코 기다려라. 지위에 합당한 자질을 갖추고, 맡겨진 일을 충실하게 해 나가라. 존경 받으려고 애쓸수록 존경과는 그만큼 멀어진다. 높은 자리에 있다는 이유로 존경을 강요하는 사람은 자신이 그 자리를 차지할 자격이 없다는 진실을 드러낼 뿐이다.
> ● 그라시안

흔히 성공은 실리주의라고 한다. 많이 이긴 사람이 아니라, 결정적일 때 이긴 사람이 승자라는 해석이다. 때로는 경쟁자를 기만해야 할 때도 있다.

우리는 일에서 성공은 하고 싶으면서, 나쁜 사람이 되는 것은 원치 않는다. 어디에서나 좋은 사람으로 인정과 환대를 받고 싶어 한다. 그런데 성공을 이뤄갈수록, 그게 생각처럼 쉽지 않다는 현실과 부딪히게 된다. 팀장 같은 관리자가 되고 나면 그전까지 받아왔던 시선과는 다른 느낌의 눈빛들을 어쩔 수 없이 만나야 한다.

관리자는 팀의 목표를 세우고 팀원들의 역할 등을 조정하는 게 일이다. 불확실한 상황이나 일부의 반대에도 불구하고 결정을 내려 집행해야 할 때도 있다. 상황이 열악한 가운데서도 후배들을 다독거리며 성과를 내야만 한다. 게다가 어떤 결정과 집행은 누군가에게 큰 이익이 되고 다른 누군가에게는 부담 또는 손해가 된다. 그래서 직장인은 높은 자리에 오를수록 사랑으로부터 멀어진다. 사랑받기 어려운 존재가 되는 것이다. 동료와 후배들의 인정을 받는 데 집착하다가는 잘못된 결정을 내려 위험을 자초할 수도 있다.

성공한 직장 선배라는 게 그렇다. 존경을 받을 수는 있으나 사랑까지 받을 수 있는 처지는 아니다. 사람들에 둘러싸인 가운데서도 외로워지는 것은 그래서다. 존경만으로는 어쩐지 허전한 것이다.

'사랑'과 '존경'은 차이가 있다. '사랑'은 윗사람이 아랫사람에게 주는 마음 또는 사람과 사람 사이의 수평적 사랑을 뜻하는 반면 '존경'은 윗사람을 향한 마음의 표현이다.

존경을 받으려면 사랑까지 기대해서는 안 된다. 사랑과 존경은 물과 기름과 같다. 따라서 존경받기 위해서는 사람들이 당신을 지나치게 두려워해서도 안 되지만, 지나치게 사랑하게 해서도 안 된다. 사랑을 하면 할수록 친숙해지고 그만큼 존경과는 멀어진다. 존경을 받고 싶다면 정열적인 사랑보다는 경외심과 찬사를 얻기 위해 노력하라.

● 그라시안

사랑 또한 존경만큼이나 받기 어렵다. 사랑을 주느냐 마느냐는 전적으로 상대의 감정에 달려 있다. 노력한다고 해서 사랑이란 감정을 억지로 만들어낼 수 있는 것도 아니다. 사랑이 가까이 다가서는 친밀함의 감정이라면, 존경은 몇 걸음 떨어져 거리를 유지하는 감정이다. 가까이 다가서면서 동시에 거리를 유지하는 감정을 이어가기란 쉽지 않다.

그런데 사랑과 존경만 그런 것이 아니다. 심지어는 비현실적이거나 상반되는 것까지 한꺼번에 가지고 싶은 게 사람의 욕심이다. 오늘을 편하게 보내고 앞으로도 계속 편하고 풍족하게 지내고 싶다. 돈이나 성공 같은 것을 뜬구름처럼 여기면서도 한편으로는 명예와 출세를 원한다. 모임의 리더로 인정받고 싶으면서 웬만하면 내 돈 쓰지 않고 얻어먹기를 바란다.

도자기 안에 든 보석을 꺼내려면 손을 집어넣어야 하고, 도자기를 깨지 않고 손을 꺼내려면 보석을 놓아야 한다. 하지만 도자기도 보석도 잃고 싶지 않다. 어쩔 수 없이 우리는 모순적인 존재들이다. 그래서 사랑받거나 존경받는 사람을 선망하면서 동시에 그를 미워한다.

사랑이든 존경이든 그저 남들에게 주기만 했을 뿐 받은 것은 별로 없어 늘 손해만 본다고 억울해할 일도 아닌 것 같다. 사랑하는 이를 위해, 존경하는 이를 위해 성실하게 맡은 바를 행했다면 그것으로 충분히 돌려받은 것이다. 노력이 안겨주는 가장 큰 수확은 언제나 노력한 바 그 자체의 보람이니까 말이다. 상대에게 '괜찮은 사람'으로 인정을 받았다면 그것은 덤이다.

그래서 차라리 '주는 사람'이 되는 게 덜 골치 아프다. 사랑과 존경을 동시에 다 받을 수는 없지만, 고마운 이들에게 사랑과 존경을 주는 것은 가능하기 때문이다.

물귀신에 대처하는 현명한 자세

동료 중에 유난히 인기 있는 사람이 있었다. 능력이 뛰어난 데도 앞에 나서기보다는 사람들 속에서 함께하기를 좋아했다. 자기 의견이나 가치를 다른 이에게 강요하지 않았고 반대 의견이 터무니없더라도 끝까지 들어주며 포용력을 발휘했다.

달변은 아니었으나 다정하고 친절해서 선후배들 사이에 인기가 높았다. 적지 않은 동료들이 대화가 필요하거나 상의할 문제가 생기면 그와 휴게실에서 어울리며 점심시간을 보내곤 했다.

한동안 그를 미워했다. 몇몇 동료도 그 대열에 동참했다. 쓸데없는 트집을 잡아 '착한 척 국가대표'니 '상담실장'이니 별명을 붙이고 뒷담화를 했다. 착한 척 또는 인기나 관리하러 회사에 나오는 게 틀림없다며 빈정거렸다. 그를 시기해봐야 소용없다는 걸 알면서도 그를 볼 때마다 스스로가 초라해지는 열등감을 주체할 수 없었다.

> 우리는 다른 사람이 세상으로부터 받는 관심을 도저히 빼앗을 수 없는 까닭에, 그에 대한 찬사에 동참하는 것만은 거절한다. 사랑받는 사람을 경멸함으로써, 사랑을 받지 못하는 원한을 위로하고 마음을 가라앉힌다.
> ● 라 브뤼예르

착하다는 평가를 받는 사람 중에 다른 이의 감정 변화에 지나치게 예민한 스타일이 꼭 있다. 자기 기분은 별것 아니라고 억누르면서 다른 이의 작은 표정 변화나 말 한마디도 놓치는 법이 없다. 타인에겐 후한 반면 자신에겐 혹독하다.

한데 그런 사람이 뭔가에 꽂히면 누구도 못 말리는 고집불통으로 변하는 경우가 있다. 자기 확신의 우물에 갇혀 더 깊은 측면이나 다른 가능성은 살펴보려 하지 않는다. 자기주장에 철벽을 둘러 날카롭게 대립각을 세울 때도 있다. 평소에는 예상할 수 없던 다른 얼굴이 드러나는 순간이다.

이따금 생짜를 놓는 후배가 있었다. 그의 착한 성정 가운데 '억눌림'의 비중이 적지 않다는 느낌을 받았다. 억눌려 있던 일부가 튀어나오는 게 특유의 고집이었고 떼쓰기처럼 보였다.

마찰이 빚어지고 관계가 틀어졌다. 다음엔 누가 이기나 해보자는 식의 대치국면이 이어졌다. 그러다 어느 순간 미련을 놓아버렸다. 시간이 흐른 뒤에야 후배의 떼쓰기가 '착하게 희생하며 살아온 세월에 대한 보상'을 다른 식으로나마 받겠다는 충동이 아닌가 하는 데 생각이 미쳤다.

어린 시절부터 그렇게 살았을 것이다. 언젠가는 착한 사마리아인 역할에 대해 보상 받을 날이 오리라 기대했을 것이다. 하지만 기대감은 채워지지 않았고 번번이 희생만 거듭하다 어느 순간 분노가 폭발하며 변하기 시작한 것이다.

생각해보면 세상에서 가장 대책 없는 것이 바로 '남들'에 대한 분노다. '남들'만큼 자주 쓰이는 말이 없지만 '남들'만큼 허망한 말도 없다. 실체가 없기 때문이다.

"남들은 다 행복한데 왜 나만 이럴까."

분노와 적대감이 끓어오르면 가까이에 있던 애꿎은 이가 화상을 입을 가능성이 매우 높다.

> 잃을 게 아무것도 없는 사람과는 절대 경쟁하지 마라. 상대방은 수치심을 비롯해 모든 것을 이미 잃었을 것이다. 지킬 명예가 없기에 온갖 무례를 무릅쓸 수 있다. 이렇게 위험 부담이 큰 사람과는 절대 명예를 걸고 경쟁하지 말아야 한다. 만약 승리한다 해도 그 과정에서 한번 훼손된 명예는 되찾을

수 없기 때문이다.

● 그라시안

 귀신 중에서 가장 안타깝고 슬픈 게 물귀신이다. 다른 이를 물속으로 끌고 들어가 숨 막혀 죽게 만든다. 익사는 매우 고통스러운 방식의 죽음이다.

 이런 일이 있었다. 지인이 아끼는 후배가 회사 자금에 손을 댔다가 동료들에게 발각됐다. 지인은 "뭔가 오해가 있을 것"이라면서 후배 편을 들어주었다. 후배의 잘못이 확실해지자 "그래도 선처를 해주자"고 상사들에게 호소했다. 그런데 줄곧 침묵하던 후배가 입을 열어 자신을 변호해주는 그를 공범으로 지목했다. 사람들이 믿어주지 않자 고래고래 고함을 쳤다.

 "당신이 나한테 전부 시킨 거잖아!"

 그 후배의 슬픔과 절망이 어디에서 비롯되었는지는 알 수 없다. 그러나 마지막으로 남은 것 하나는 확실했다. '남들'에 대한 분노였다.

 호의를 베풀어준 이에게 악의를 품는다는 것은, 이성적으로는 납득하기 어려운 심사다. 그러나 사람이 이성만으로 움직이는 존재는 아니다. 절망과 분노의 구렁텅이에 빠진 당사자로선 뭐라도 잡으려고 허우적대기 마련이다. 내밀어준 동료의 손을 잡아 나오면 다행이겠으나, 지극히 비이성적인 어떤 충동은

"나와봐야 아무 희망이 없잖아"라며 "그 손을 잡아 끌어내려"라고 속삭인다. 혼자만 불행하기 싫어 가까이에서 염려해주는 이까지 끌고 들어가려 한다.

물귀신은 '남들'에 대한 슬프고도 아픈 복수이기도 하다. 가까운 이에게 해를 입혀서라도 자기의 절망과 고통을 '남들'에게 과시하려는 것이다.

> 성공이야말로 괴롭혀온 사람들에 대한 가장 강력한 복수다. 시기심이 강한 사람은 한 번 죽지 않는다. 그는 자신이 시기하는 사람이 박수갈채를 받을 때마다 매번 새롭게 죽는다. 시기 받는 사람의 명성이 지속되면 시기하는 사람의 고통도 끝나지 않는다.
>
> ● 그라시안

그러나 과시는 성공의 지표가 될 수 없다. 성공은 밖에 있는 게 아니라 안에 있는 것이므로. 내면의 성취감과 만족, 그로 인한 자신감이 최우선이다. 남들의 인정은 또 다른 차원이다.

사람은 약하고 불완전한 존재다. 웬만한 사람이라면 밑으로 잡아끄는 '절망에 빠진 손'을 애써 뿌리칠 수밖에 없다.

흔하지는 않지만 물귀신을 외면하지 않는 강한 사람도 있다. 밑에서 잡아끄는 손을 굳게 잡은 채 초인적인 힘과 인내를 발휘한다. 냉철한 이성과 침착함, 흔들리지 않는 의지를 커다란 바위처럼 품은 사람이라면 그럴 수 있을 것이다. '착한 척 국가대표'며 '상담실장'으로 불리던 동료가 이런 사람이었는지도 모르겠다. 그때도 이미 그런 역할을 하고 있던 것 같기도 하다. 하지만 그런 구원자 역할은 아무나 할 수 있는 게 아니다. 스스로가 물귀신이 되어 손을 내밀어주는 소중한 사람들을 밑으로 잡아끌지나 않으면 다행이다.

참을 수 없는 우정의 무거움

> 친구가 행복하게 되었다는 소식에 우리가 기뻐하는 것은 선량함도 아니고 우정 때문도 아니다. 이번에는 우리가 행복하게 될 차례가 왔다든가, 또는 친구의 행운 덕으로 뭔가 좋은 일이 있겠지 하고 우리의 가슴을 설레게 하는 '자기애' 때문이다.
>
> ● 라 로슈푸코

친구의 계략에 넘어가 다른 친구의 비밀을 털어놓았다가 마음고생을 한 적이 있다. 사업으로 성공했던 A가 찾아와 회사 사정이 어려워졌다고 넋두리를 했다. 거래처에서 클레임이 제기되어 신규 수주가 막힌데다 금융권에서 돈줄까지 죄는 바람에 이대로 가다가는 수개월을 버티기 어렵다는 얘기였다.

그로부터 며칠이 지나 B한테서 밥 먹자는 연락이 왔다. B는 A 회사 걱정을 해주었다. "경기가 최악이라는데 얼마나 더 버틸지 모르겠다"는 것이었다. 그 친구도 A의 사정을 알고 있는 것 같았다. 도와줄 방법이 없을지 의논하다가 B가 말했다.

"A네 회사, 지금 어느 정도로 어려운 거야? 뭘 알아야 주변에 얘기를 해보든가 하지."

집요하게 캐묻는 게 꺼림칙했지만 들은 얘기를 가감 없이 전했다. A와 B가 함께 어울리면서도 서먹하게 보일 때가 있었는데 은근한 라이벌 의식 때문이었는지, 아니면 오래전에 둘 사이에 무슨 일이 있었기 때문이었는지는 지금까지도 알지 못한다.

> 친구 대부분은 무엇이든 들을 권리가 있다고 믿는다. 그러나 신뢰에도 조심이 필요하다. 털어놓아서는 안 되는 사정도 있는 것이다.
> ● 라 브뤼예르

A는 B로 인해 회사 문 닫기 직전까지 갔다. 주거래은행과 협상을 벌여 자금을 대출받기로 하고 한숨을 돌리려는 순간, 난데없이 지인들 사이에서 망한다는 소문이 돌았다. 자본금을 십시일반 투자했던 선배며 돈을 빌려주었던 사람들까지 A의 회사로 몰려가 "내 돈만은 돌려달라"고 법석을 떨었다.

은행의 담당자가 그 사실을 전해듣고는 대출을 백지화하겠다고 통보하는 바람에 회사의 운명이 백척간두에 섰다. 하지만 망할 운명은 아니었는지 거래처와의 클레임이 단번에 해결되었고 수주가 늘어나면서 위기감을 흔적도 없이 씻어냈다.

숨 가쁜 상황이 벌어질 때 '곧 망한다'는 소문의 진원지가 B였음이 곧바로 드러났다. B가 A의 사업에 대해 자주 꺼내던 말들("걔네 회사 어렵다더라" 혹은 "그 분야 전망이 어둡다는데")이 걱정이라기보다는 안 되기를 바라는 염원이었을 수도 있다는 사실을 깨달았다. 그러나 B는 친구들의 추궁에도 잘못을 인정하지 않았다. A를 도와달라고 여러 사람들에게 부탁했을 뿐이라는 것이다. 클레임도 그 과정에서 해결된 것이라며 A가 자기를 평생 업고 다녀야 한다고 큰소리까지 쳤다. 그러나 A는 그 이후로 B가 나오는 모임에는 얼굴을 드러내지 않는다.

> 친구가 역경에 처하면 우리는 언제나 왠지 모르게 기분이 나쁘지 않다.
> ● 라 로슈푸코

소중한 우정을 그 무엇과도 바꾸지 않겠다는 예전의 다짐은 온데간데없고, 나의 시기와 욕심으로부터 그것을 근근이 지켜내는 것마저 쉽지 않음을 느낀다. 여러 친구들과 등거리를 유지하는 게 점점 어려워지고 주의주장이 다른 친구들 틈에서 어느 장단에 맞춰 춤을 춰야 할지 헷갈리는 일이 늘어난다.

가끔은 순수한 우정보다 이해관계가 맞아떨어져 친구로 지내는 경우도 있다. 그런 관계일수록 "우리는 친구 아이가"를 자주 확인하게 된다. 더 이상 서로에게 이익이 되지 않을 경우 조용히 멀어질 사이임을 알기 때문이다.

친구의 성공을 원하면서도 막상 친구가 크게 성공하면 여전히 '절친'으로 남을 수 있을지를 미리 걱정하기도 한다. 우정을 변함없이 이어간다는 게 현실에선 말처럼 쉽지 않음을 나이가 한 살씩 들어가며 받아들이게 된다.

> 친구의 성공에서 받는 기쁨은, 그 친구가 우리를 능가해버릴 때 느끼는 작은 불안 혹은 시기에 의해 어느 정도는 상쇄되기 마련이다. 우리는 친구의 행복을 바란다. 그러나 그것이 실현되면 반드시 그것을 먼저 기뻐한다고 단언할 수 없다.
> ● 라 브뤼예르

누구나 살면서 많은 친구를 얻고 많은 친구를 잃는다. 사소한 일로 다투고는 관계가 틀어져 점점 멀어진 친구도 있고, 배우자간의 불협화음이나 지나친 '도토리 키 재기' 경쟁에서 비롯된 감정적 피로가 인연의 고리를 헐겁게 벌려놓기도 한다.

그래도 우리는 평생 이어갈 우정에 대한 기대를 여전히 놓지 못한다. 여러 친구들과 두루두루 어울리며 친하게 지내는 것은 어려운 일이지만, 생각이나 여건이 비슷한 몇몇 친구와 관심을 주고받는 정도의 교류라면 부담 없이 이어질 수 있을 거라 믿는다.

우정이란 말에 너무 많은 짐을 지우지는 말아야겠다는 생각이 자주 든다. 누아르 영화나 무협지의 주인공도 아닌데 강호의 의리 같은 판타지를 흉내 낼 이유가 없다. 우정은 빛나는 자랑거리일 때보다는 각자의 길을 가다가 문득 돌아보고 곁에서 발견할 때가 훨씬 자연스럽지 않을까 한다.

무엇이든 내줄 수 있는 격한 우정보다 편안한 우정이 안정적이다. 많은 것을 줄 필요도 없고, 많은 것을 바라지도 않는 정도의 관계, 이 정도의 행운이라면 누구에게나 허용되어 있는 것이 아닐까. 그 관계를 애써 망치지 않는다면.

친구와 적 사이에서 외줄 타기

 가까이 있는 이 귀한 줄 모르는 게 사람 심리다. 잘난 사람이 있어도 그의 진가를 알아보지 못한다. 알아보기는커녕 괴팍하다고 푸대접 또는 구박이나 하지 않으면 다행이다.
 무리 중에 잘 나가는 이를 견제하려는 심리를 '키 큰 양귀비 신드롬'이라고 부른다. 웃자란 양귀비를 쳐내듯 뛰어난 사람을 깎아내려 평범한 무리 속에 섞으려는 시도다. 그런데 자부심이 강한 사람은 속해 있는 무리의 동료들로부터 뛰어난 점을 인정받지 못할 경우 불만을 품기도 한다.

> 우리들이 새로 사귄 친구 쪽으로 마음이 쏠리는 것은 옛 친구에게 싫증이

났다든가 변화를 즐기고 싶다는 이유 때문이 아니다. 나를 잘 알고 있는 이들에게 대접 받지 못하는 것이 기분 나쁘기 때문이다. 우리는 대접 받기 위해 새로운 친구를 원한다.

● 라 로슈푸코

대접 받는 데 지나칠 정도로 집착하는 부류가 있다. 모두가 알아서 그를 섬겨주어야만 한다. 착한 척 연기를 할 때도 있으나 측은지심이 부족해서 어려움에 빠진 사람의 처지에 공감하는 경우가 드물다. 남의 이야기를 들을 때, 맥락은 파악하지 못해도 약점만은 귀신같은 눈썰미로 찾아낸다.

주변을 돌아보면 모꼬지 안에 많건 적건 이런 성향을 가진 사람이 꼭 끼어 있다. 원래 멤버들 중엔 없더라도 합류한 배우자 중에서 등장할 때도 있다.

타고난 성격이 그럴 수도 있지만 심한 상처를 받아 마음의 어느 부분인가가 심하게 뒤틀려 있기 때문인 경우도 있다. 그 또한 피해자이자 아픈 사람인 것이다.

사이가 좋을 때에는 언뜻 드러나던 무자비한 특성이 해묵은 감정의 충돌을 계기로 용암처럼 분출되어 나올 때가 있다. 오랫동안 나누고 공유했던 정보들이 험담과 반목, 분열의 뇌관으로 사용된다.

변해버린 친구는 깊은 우물에 빠진 다른 친구에게마저 거침

없이 돌을 던진다. 이간질을 일삼으며 그 속에서 자신의 이득을 취한다. 자기 아픔에만 몰입해 남의 상처는 아랑곳하지 않는다.

> 모든 사람이 친구가 될 수는 없지만, 누구든 적이 될 수는 있다. 또한 우리에게 이익을 주는 사람은 소수에 지나지 않지만, 누구라도 피해는 줄 수 있다. 심하게 몰아붙여 관계를 끊은 친구는 원한에 사무친 원수가 되고, 자신의 잘못도 당신의 잘못으로 돌릴 것이다.
> ● 그라시안

고대 그리스 사람들은 선을 '아가톤$_{αγαθων}$', 악을 '카콘$_{κακων}$'이라고 불렀는데 아가톤에는 이득이라는 의미도 포함되어 있었다. 부와 명예, 건강처럼 좋은 것들을 선이라고 봤던 것이다. 반대로 카콘은 손해라는 뜻으로도 사용되었다.

고대 그리스인의 관점에 비추어보면, 주변에서 가장 위험한 사람은 '숟가락만 얹으려는 이'다. 남이 기울인 노력과 명예를 인정하지 않으며 자기 성과로 가로채 이익을 챙기려 한다. 뻔뻔하고 부끄러움을 모르는데다 기꺼이 이용당해주지 않는 사람에게는 원한을 품고 있다가 피해를 입히고야 만다.

물론 선과 악을 단순 분류하는 것은 위험한 관점이다. 내게 이로우면 무조건 선이고 내게 해로우면 이유를 불문하고 악이라고 판단하는 것은 편협한 잣대일 수 있다. 게다가 오로지 내 편의 이해만을 따져 선악을 규정하려 하므로 선을 내세워 뻔뻔스럽게 강요하거나, 악을 착한 척 위장함으로써 모든 가치를 흥정거리로 치환할 위험까지 있다. 이 점에서 고대 그리스인들이 전해주는 지혜를 새겨들을 필요가 있다.

'φευγε την των κακων φιλιαν και την των αγαθων εχθραν.'

(페우게 텐 톤 카콘 필리안 카이 텐 톤 아가톤 엑트란 ; 나쁜 사람들의 우정을 피하라, 그리고 좋은 사람들의 적의를 피하라.)

> 오늘의 친구가 내일은 가장 무서운 적이 될 수 있다. 우정을 저버린 친구에게 경솔하게 약점을 잡혀 그가 나중에 손쉽게 싸움을 걸어오지 않도록 조심하라. 하지만 적에게는 늘 화해의 문을 열어두어라. 가장 안전하고 평화로운 관용의 문을.
>
> ● 그라시안

누구에게나 선과 악이 공존한다. 아무리 친한 친구라도 적으로 변할 수 있다. 그런데 공공연한 적으로 돌변하는 친구에게는 뚜렷한 공통점이 있다. 평소에 주의를 기울여 관찰하면 적이 될 가능성이 높은 친구와 안전거리를 유지할 수 있다.

그런 친구는 늘 좋은 말만 들으려 하고 싫은 소리를 하면 안색이 바뀐다. 진실보다는 자존심이 중요하기 때문이다. 수시로 말을 바꾸며 꼬투리를 잡아 일을 엉망으로 몰고 간다. 실마리도 못 찾게 만들어놓고는 책임지라고 덮어씌운다.

자기 잘못은 인정하는 법이 없고 사실을 교묘하게 짜깁기하는 방식으로 진실을 왜곡한다. 뭔가 잘못되면 핑곗거리를 찾고, 어느 한쪽을 응원하기보다는 결과에 따라 이기는 편을 자기편으로 택한다.

중국의 한 학자는 친구를 이렇게 표현했다.

"영화를 누릴 때의 친구는 패망할 때의 적수이고, 비천할 때의 친구는 부귀해지면 적이 된다. 그러므로 친구는 일시적인 것이다."(마수취안,『모략의 즐거움』중에서)

뼈아픈 지적이다. 그래도 자연을 둘러보면 위안이 된다. 사람이 사는 세상 역시 자연의 일부다. 자연은 우리에게 풍요와 여유, 따뜻한 햇살을 주지만 때로는 엄청난 재앙과 시련, 돌이킬 수 없는 아픔을 주기도 한다.

친구 또한 마찬가지 아닐까 싶다. 삶을 함께하며 고락을 나누는 동반자이지만 경쟁자, 심지어는 가장 위협적인 적이 될 수도 있다.

다만, 적이라고 반드시 물리쳐야 하는 것은 아니다.

영화〈대부3〉에서 돈 콜레오네가 조카를 후계자로 지목하면서 충고해준 말이 인상적이다.

"적을 너무 미워하지 말아라. 지나치게 미워하면 감정 때문에 판단이 흐려져서 일을 그르치게 된다."

다시 맺어진 우정은 갈라져본 적이 없는 우정보다도 어딘지 모르게 손이 많이 간다.

● 라 로슈푸코

진실은 작은 소리로 말해도 크게 울린다

 선배들로부터 '물이 올랐다'는 칭찬을 받아 기고만장해진 나머지, 회의 때 상사의 지시에 "그건 아닌데요" 하고 반박을 한 적이 있다. 그리고는 분위기가 무겁게 가라앉은 뒤에야 큰 실수였음을 깨달았다. 자기 의견이 부정당했는데도 기분이 좋은 사람은 없다. 상사 역시 그랬다. 그의 지시에 따라 한동안 빛 안 나는 고생스러운 일들을 단골로 떠맡아야 했다.

 사람들이 흔히 일컫는 군자란, 여러 가지 가능성을 흔쾌히 받아들일 수 있는 사람이다. 누가 실수를 해도 그 이유를 금방 깨닫고 너그럽게 이해해준다. 회의 때 체면을 구긴 상사는 비록 군자는 아니었지만 다행히 소인도 아니어서 면박을 주었던 후배에게 오랫동안 반감을 품거나 불이익을 주지는 않았다.

> 사람들은 누군가가 다른 의견을 내세우면 자신에 대한 모욕으로 여긴다. 비난하는 것으로 받아들이기 때문이다. 옳든 그르든 상관없이 다른 의견을 말했다는 사실만을 공격한다.
> 반면 지혜로운 사람은 누군가 틀렸다는 사실을 알아도 내색하지 않으며 반대 의견이 나와도 침묵을 지킨다. 그리고는 말을 알아듣는 소수의 사람에게만 자기 생각을 말한다.
> ● 그라시안

살다보면 진실이 가장 통하지 않는 상대가 가까운 사람들, 특히 가족일 때가 있다. 여자 후배가 극심한 편두통 때문에 고생을 하다가 병원에 갔다. 종합병원에서 CT 촬영까지 해봤지만 원인을 알 수 없었다. 담당의는 결국 신경정신과로 그녀를 보냈다.

상담을 받은 결과, 그녀는 부모와 장래를 주제로 대화를 나눈 뒤에 주로 두통을 겪는 것으로 나타났다. 스트레스를 받은 몸이 아픔으로 반응을 보이는 것이다.

그녀는 삼십대 중반이 넘은 나이였고 부모로부터 결혼 압박을 받아왔다. 그런 가운데 해외발령을 자처하다가 가족들의 따가운 시선을 받고 나니 스트레스가 극에 달했다. 그녀는 어릴 때부터 자기주장을 내세우지 않는 것을 미덕이라고 배우며 자랐다. 자기 마음은 억누른 채 남의 의견에 귀 기울이려 애쓰다 보니 자신의 진심이 흔들리고 상처받을 때가 많았다.

그런 자신에서 벗어나 보려고 해외 근무를 자청했는데, 부모 입장에선 결혼은 아랑곳하지 않고 외국 바람만 든 것 같은 딸을 납득하기 어려웠다. 후배는 부모의 입장을 수용해 '결혼이 싫은 게 아니고, 해외에 나가도 좋은 남자를 만날 기회가 있다'는 점을 강조해 줄곧 평행선을 달리던 논쟁에서 벗어났다.

> 우리는 자기와 의견을 같이하는 사람만을 '양식 있는 사람'이라고 생각한다.
> ● 라 로슈푸코

그라시안은 스페인 아라곤 지방의 중소도시인 칼라타유트 출신의 예수회 신부였다. 1627년 사제 서품을 받은 그는 고향으로 돌아와 학교에서 인문학과 문법을 가르쳤다. 그런데 여기서 당시의 사회상과 부패에 대해 자기 의견을 표출하면서 다른 사제들과 마찰을 겪게 되었다.

그라시안의 관점은 그가 속한 교단의 종교적 세계관과도 정면으로 충돌했다. 겉 다르고 속 다른 교단 사제들의 행태 또한 그라시안의 사상에 적지 않은 영향을 주었다. 당시의 분위기는 그라시안처럼 진실을 말하는 사람은 외면을 당한 반면, 거짓으로 아첨하는 이들일수록 추앙받으며 높은 자리에 올랐다.

1636년 그라시안은 아라곤 지방 우에스카에 강론 담당 신부로 부임했는데, 그곳에서 첫 저서『영웅론』을 발간하며 작가로서의 여정을 시작했다. 그는 '로렌소 그라시안'이라는 필명을 사용해 자신을 숨겼으나, 교단은 실제 저자가 누구인지 금방 알아냈다. 그 후 그라시안은 아라곤과 발렌시아 일대에서 교육과 고해 업무를 담당하며 저술 작업도 계속했는데 새로운 책이 나올 때마다 교단과의 마찰을 피할 수 없었다. 그는 교단의 높은 분들에게 자신의 진실을 전하려 하지도, 그들을 설득하려 하지도 않았다.

온갖 회유와 협박에도 불구하고 자신의 진실을 지켜내던 그라시안은 1658년 초 그를 징계하려는 교단에 맞서 아예 예수회를 탈퇴하겠다고 청원했다. 그러나 청원은 받아들여지지 않았고, 교단과의 감정 소모로 건강이 악화되어 같은 해 12월 6일에 세상을 떠났다.

> 지혜로운 사람은 진실의 쓴맛을 단맛으로 느끼게 하는 기술을 알고 있다. 진실의 날카로움은 유지하되, 부드럽게 전함으로써 거부감 없이 받아들이게 하는 것이다. 윗사람에게 진실을 말할 때에는 정중하게, 또한 당장의 문제라도 마치 지나간 일처럼 차분하게 말한다. 다만 이해하지 못하는 사람

에게는 말하지 않는 편이 안전하다는 것을 안다.

● 그라시안

앞장서서 진실의 등불을 치켜든 사람의 등에는 수많은 화살이 꽂혀 있기 마련이다. 진실의 문을 열기 위해선 거센 반대를 무릅써야 한다. 대부분의 사람들이 낯선 진실에 의심이나 이질감 차원을 넘어 혐오를 드러내기 때문이다. 더구나 진실이 통념의 경계를 허무는 성질의 것이라면 손가락질이나 냉소는 물론 방해와 탄압까지 무릅쓰며 값비싼 대가를 치러야 한다. 아인슈타인이 "위대한 영혼은 언제나 사람들의 극심한 반대를 받아왔다"고 말했던 이유다.

'침묵은 동조'라는 주장에 떠밀려 없는 용기까지 쥐어짜야만 옳은 것인지 가끔 스스로에게 물어볼 필요가 있다. 용기와 비겁 사이에서 갈등하는 우리에게 그라시안은 조금 다른 위안을 전한다.

섣불리 스스로를 던져 항거하기보다는, 사람들의 생각을 귀담아 들으면서 자신의 진실을 이야기해야 할 때에는 이해할 만한 사람에게 전하는 것으로도 충분하다고 강조한다.

용감하되 신중해야 한다는 얘기다.

열정과 행운 사이의 냉정

4년째 떨어져 사는 부부가 있다. 남편의 직장이 멀리 있어서 한 달에 두세 번 정도만 함께 주말을 보낸다. 그런데 지인 중에 그 부부만 보면 잔소리를 하는 이가 있다. "마음만 먹으면 이사를 해서 출퇴근도 할 수 있는데 왜 떨어져 사느냐"는 투였다. 한번은 심한 말로 인해 큰 다툼이 벌어질 뻔했다. "각자 살면 이게 무슨 부부냐"는 말이었다.

다른 선배 부부는 먼 친척 어르신으로부터 심한 욕을 들었다. 어르신이 찾아와서는 "장인어른을 노인병원에 고려장 치르듯 버려놓고는 코빼기도 비치지 않는다"며 다짜고짜 호통부터 쳤다는 것이다.

두 쌍의 부부 모두, 우리네 '정情'을 기준으로 보면 선뜻 받아들이기 어려운 선택을 한 것으로 보인다.

> 감정에는 옳지 못한 면도 있으며, 그 깊은 곳에서는 이해관계가 작용할 때도 있다. 그러니까 감정이 아무리 온당하게 보이더라도 그것만으로 판단하는 것은 위험한 일일 수도 있다.
> ● 라 로슈푸코

하지만 당사자들의 이야기를 들어보면 또 그럴 만한 사정이 있다. 첫 번째 부부의 경우, 따로 사는 게 '좋은 관계'를 이어가기 위한 해법 차원이었다. 함께 살 때에는 사이가 안 좋아 이혼 직전에 이르렀다. 소설에서 힌트를 얻어 별거를 해보기로 했는데 이제는 그게 편하다는 것을 알게 되었다. 견우와 직녀처럼 떨어져 지내지만 매일 연락을 주고받으며 애틋한 마음을 이어가고 있다.

두 번째 선배 부부는 치매 증상이 심해진 장인을 부득이하게 노인병원에 모실 수밖에 없었다. 그런데 딸 부부가 면회를 갈 때마다 자신의 부모로 착각한 장인이 밤늦게까지 난동을 부리는 통에 다른 환자들로부터 "모시고 갈 것 아니면 나타나지 말라"는 경고를 들었다. 그 후로는 한 달에 한 번씩 찾아가 멀찍이서 지켜보고 돌아오곤 한다.

누구에게나 각자의 방식으로 만족스러운 삶을 추구할 권리가 있다. 자주 만나 마음이 쑥대밭이 되느니 차라리 멀리 떨어져 지내는 게 나은 사랑의 방식도 있는 것이다. 어떤 선택은 감정이 가리키는 방향과 다르게 움직일 때가 있다.

> 흔히 20대에는 의지가, 30대에는 지성이, 40대에는 판단력이 사람을 움직인다고 말한다. 어두운 곳에서 빛나는 스라소니의 눈동자처럼 어려운 상황일수록 이성은 더 큰 힘을 발휘한다. 이성적인 사람들은 상황에 필요한 뛰어난 아이디어를 내놓고, 올바른 것을 알아보며 선택할 줄 아는 능력을 가지고 있다. 이 능력이 삶을 세련되고 풍요롭게 만든다.
> ● 그라시안

감정의 눈으로 세상을 보면 모든 게 시원시원하다. 좋은 것과 아닌 것, 예쁜 것과 그저 그런 것, 이것 아니면 저것으로 일도양단一刀兩斷이다. 그러나 감정은 변덕이 심하다. 그래서 이내 방향을 바꾸거나 다른 쪽으로 불이 옮겨 붙을 때가 다반사다.

가장 흔한 예로 점심 메뉴만 해도 그렇다. 자장면이 간절하게 먹고 싶어 중국집에 가서 주문을 해놓고는 다른 사람들이 먹는 음식을 둘러보며 혼란에 빠진다.

격정에 사로잡혔을 때에는 그 외의 다른 것들이 눈에 들어오지 않는다. 마치 사랑에 빠졌을 때처럼 심리적 편시偏視상태가 된다. 포기했던 것들은, 돌이킬 수 없을 때에야 예상치 못했던 거대한 매력을 드러내기 마련이다.

선택이 하나라면 포기해야 할 대상은 훨씬 많다. 신문 기사를 스크랩할 경우, 기사 하나를 선택하기보다는 나머지 전체를 버리는 셈이다. 그러니 선택을 잘한다는 것은 포기할 대상을 신중하고 섬세하게 선별해낸다는 의미다.

만일 절대로 포기해선 안 될 것과 포기해도 무방한 것들을 리스트로 만들기로 했다면, 열정보다는 냉정, 즉 이성의 도움이 필요할 것이다.

어떤 사람과 가까이할지를 선택할 때도 마찬가지다. 열정의 화학적 끌림으로 다가서지만 냉정의 잣대로 그의 장단점을 분별하고서야 좋은 관계가 될지 여부를 판단할 수 있다. 정을 나누는 것도 당연히 중요하다. 그러나 일상의 판단과 지성의 발전에 도움을 주고받아 함께 성장할 수 있는 사이가 탈 없이 오래 이어진다. 마치 물이 낮은 곳을 선택해 방향을 잡는 것과도 같다. 이른바 순리다.

> 중요한 것은 흐름에 따르는 것이다. 흐름을 알지 못하는 것만큼 어리석은 것은 없다. 지혜로운 사람은 불행을 전파하는 사람을 피하고 행운을 누리는 사람과 어울린다.
>
> ● 그라시안

열정과 감성이 혼란을 야기하는 것만은 아니다. 기분의 안테나가 경험의 신경망을 통해 냉철한 분석 및 판단과 데이터를 공유하면 '나만의 경험칙'이 만들어진다. 상대에게 다가서야 할지, 물러서야 할지를 경험칙으로 선택하게 된다.

단적으로 "남들이 그런다"를 입에 달고 사는 사람한테서는 물러선다. 그는 남의 이목 때문에 자기 인생을 못 살지만, 정작 '남들'은 그 자신일 때가 많다. 그의 깊은 속내에는 눈앞의 상대를 겨냥한 꿍꿍이가 있다. 자기 의도를 감추려고 '남들'이라는 여론의 모양새를 빌릴 뿐이다.

그는 자기 의도를 칭찬의 사탕발림으로 포장하기도 한다. 그의 '좋다' 속에는 '더 이상 발전하지 말아라'는 바람이 담겨 있기도 하다. 내가 더 발전해 그를 깔보거나 버릴까봐 불안하기 때문일 것이다. 자기가 그런 사람이니까 남도 그럴 것이라고 생각한다.

외로움이 온전히 자기 몫이란 생각이 없는 사람에겐 좋은 뜻을 품어봐야 위험해질 뿐이다.

감성의 손을 섣불리 내밀어 애착에 말려들었다가는 소모적 관계를 되풀이한 끝에 마침내 그의 숙주가 되어버릴 수 있다. "남들이 그런다"의 최종 목표는 나를 장악해 사람 놀이를 하려는 것이다.

좋은 만남은, 열정을 공유하면서도 차갑게 지적해줄 수 있는 이와 함께 만드는 것이다. 나로선 지적을 받아야 더 발전할 수 있다. 그에게는 보람 하나가 늘어난다. 그런 과정을 통해 함께 성장한다. "진정한 친구란 뒤통수 치지 않고 면전에서 나를 아프게 찌를 수 있는 사람"이라는 오스카 와일드의 말처럼.

이렇게 보면 행운은 한쪽 다리를 차가운 이성의 영역에 걸치고 있다. 감성이 중요한 시대가 왔다지만 행운을 분간하고 그것을 곁에 오랫동안 붙들어두기 위해선 이성의 역할도 여전히 중요한 것이다.

03

어떤 사람으로 살아갈 것인가

'내 일'만 보는 사람에겐 내일이 불안하다

　다른 부서의 외부 행사를 도와주러 가라는 지시에 반발했다가 선배한테 크게 혼이 난 적이 있다. 가뜩이나 가기 싫은 행사에 욕까지 먹고 다녀왔으니 일이 손에 잡힐 리 없었다. 왜 남의 일로 인해 그런 꼴을 당해야 하는지, 내 일 잘하면 되는 것 아닌지, 생각을 거듭해도 억울할 뿐이었다.
　또래 동료들의 분위기 역시 그랬다. 각자 자기 일만 잘하면 큰 문제가 없는데 오지랖 넓게 남의 일에 나서고 간섭하는 사람들 때문에 피곤한 일이 자꾸 생긴다는 얘기였다. 남 신경 안 쓰고 자기 일에만 집중하는 분위기의 직장이라면 얼마나 좋을까.
　얼마 후 다른 선배와 식사를 하다가 그 얘기를 꺼냈다. 내 일만 잘하면 되는 것 아니냐고. 선배가 고개를 저으면서 말했다.
"좋은 생각 같지만 매우 위험한 생각이다."

> 우리는 자기 일에만 열중한 나머지, 미덕으로 생각하는 것이 사실은 겉모양만 그럴싸한 악덕에 지나지 않음을 간과할 때가 있다. 자기애가 우리 눈을 현혹하고 있기 때문이다.
> ● 라 브뤼예르

선배의 얘기를 휴대폰 메이커에 빗대면 이런 식이다.

휴대폰 개발 담당자는 최신 기술을 이용해 높은 품질의 휴대폰을 만들려고 한다. 최고 성능은 업무성과뿐 아니라 엔지니어로서의 자존심 문제이기도 하다. 그런데 디자인팀은 완제품 사이즈를 불가능에 가까운 두께에 맞춰달라고 요구해온다. 관리 부서는 비용을 줄여달라고 한다. 신설 연구 파트에 예산 지원을 늘려주어야 하기 때문이다. 마케팅 부서는 원가가 올라 가격에서 경쟁사에 밀릴 수 있다며 제동을 걸어온다.

개발 담당자는 최고 수준의 휴대폰을 만들어보겠다는데 모두가 방해를 하고 나서는 것 같아 마음이 편치 않다. 하지만 사실, 디자인이며 관리, 신설 연구 파트, 마케팅 분야 담당자들은 각자 자기 일을 하고 있는 것이다.

휴대폰 개발 담당자는 '경영 같은 것은 나와 상관이 없다'고 믿어온 사람이다. 그런 것을 알 필요도 없고, 자신의 본업인 개발 업무에서 성과를 내면 된다고 생각한다. 하지만 현실은 다르다. 원하는 최고 스펙의 제품을 만들려면, 사내의 다른 부서 책임자들부터 설득해야 한다. 연구개발은 당연한 그의 업무이지만, 다른 부서 사람들에게 아이디어를 전하고 인정받는 것 또한 그가 잘해야 할 일이다. 동시에 다른 부서의 의견을 받아들여 자기 일에 반영해야만 한다.

어느 부서이건 경영에서 자유롭지 못하다. 그럼에도 우리 중 대다수가 이구동성으로 말한다. "사람들 사이에서 부대끼는 건 질색인데, 그냥 내 일만 하면 안 되나요?"

> 당신은 착한 사람이다. 당신은 왕의 총애를 받는 사람들의 마음에 들려고 애를 쓰지 않고, 그들의 기분을 상하게 하려고도 하지 않는다. 오로지 스스로의 일에만 집착하고 있다. 하지만 그럼으로써 곧 파멸을 초래할 수 있다.
> ● 라 브뤼예르

내 것만 하고 싶은 이들의 한계는, 남의 속내를 들여다보지 않아 사람들이 원하는 바를 충족시키기 어렵다는 점이다. 웬만하면 자기 기준으로 재단하므로 주변 사람들이 어떤 것을 원하며 그 배경이 무엇인지 파악하지 못한다.

회사는 많은 구성원이 각각 다른 입장(회사와 부서, 개인)으로 목표와 이익을 추구하는 곳이다. 나의 일은 남의 일, 나의 이익은 남들의 이해관계와 거미줄처럼 촘촘하게 얽혀 있다.

선배는 '내 일'을 좋은 궤도로 진입시키기 위해서는 '나 자신'과 '설득 대상', '주고받을 것'이라는 세 가지를 챙길 필요가 있다고 했다.

먼저, 나 자신을 돌아봄으로써 가장 중요한 게 무엇인지 파악할 수 있다. 그래야 지금 단계에서 반드시 챙길 것과 양보할 수 있는 게 무엇인지 분별할 수 있다.

다음은 설득 대상이 원하는 게 무엇이며 그가 지금 어떤 입장에 처해 있는지 이해하는 것이다. 타협점을 찾아내기 위해 반드시 필요한 과정이다.

그런 후에 서로의 공통점과 차이점을 체크하고 협상을 통해 양보할 것, 혹은 상당한 대가를 치르더라도 상대로부터 챙겨야 할 것을 정리해야 한다는 게 선배의 설명이었다.

일련의 과정이 개발 업무 담당자로선 피곤하기 짝이 없는 일일 수도 있다. 그럴 시간이 있으면 그 노력을 연구개발에 쏟는 게 낫다고 생각할 수도 있다. 하지만 '내 일'에서 고개를 들어 다른 사람들을 간혹 둘러보는 것은, 나의 자리를 위협으로부터 지켜내기 위한 가장 기본적인 수비 활동일 수도 있다.

회사는 각각의 역할이 왜 필요한지, 그 존재의 이유를 시시때때로 입증하도록 한다. 이 과정에서 '내 일'을 방어해내지 못한 사람이 희생양으로 몰린다. 회사는 한솥밥을 먹는 공간이기도 하지만, 피도 눈물도 없는 일이 수시로 벌어지는 곳이다.

> 타고난 잔인성도, 자기애가 만들어내는 것만큼 잔인한 인간을 만들지는 못한다.
> ● 라 로슈푸코

누구나 유유자적 살고 싶다. 작은 일에 일희일비하고 싶지는 않다. 그럼에도 생존에 급급해야 하는 현실은 비루하기만 하다. 하지만 일단 살아남은 뒤에야 삶의 질과 보람도 생각해볼 수 있는 것이다.

누구나 트랙에 갇힌 경주마보다는 넓은 초원을 누비는 야생마가 되려 한다. 그러나 코앞에 놓인 먹이만 바라보는 경주마와 달리, 야생마들은 하늘의 먹구름과 초원의 함정, 포식자의 냄새까지 모두 헤아려야 한다. 생존을 위한 촉각이 무뎌지는 순간 초원은 지옥으로 변한다. 육식이건 초식이건 모든 야생동물의 공통된 생존법은 '눈치'다.

살아남기 위해 '내 것'에서 고개를 들어 '남의 것'을 두루 살펴야 할 때가 많다. 상대의 낯빛을 살펴 분위기를 맞추거나, 그의 호감을 얻기 위해 무엇을 해주는 게 좋을지 기민하게 반응해야 한다. 가끔은 산다는 게 피곤하고 치사하게 느껴지겠지만 이처럼 소인배의 눈을 빌려 세상을 돌아볼 필요도 있는 것이다.

  '내 일'을 위해 모든 관계자를 능수능란하게 설득할 수는 없다. 그러나 '내 일'만을 고집하다가 희생자로 몰리는 것이야말로 곤란한 일이다. '내 것'과 '남의 것'을 꼼꼼하게 살피고 여러 입장들을 헤아리다 보면, 나와 남들을 연결하는 가치사슬이 만들어지는 것을 차츰 느끼게 된다. 그 사슬이 서로를 확고하게 묶으면 장차 나와 사랑하는 가족, 내 동료를 시스템의 위협으로부터 지켜내는 강고한 연대가 만들어진다.

질투의 후폭풍과 자랑의 유료화

 까닭 없이 누군가를 미워해본 경험이 있다. 이유는 반감이 깊어진 후에야 갖다 붙이는 식이었는데, 기껏 찾아냈다는 게 '나댄다' 정도였다. 싫은 감정을 합리화시키려는 심리적 변명에 불과하다.
 이처럼 묘하게 싫은 사람들에겐 공통점이 있었다. 그의 곁에만 서도 스스로가 왜소하게 느껴져 자존심이 상한다고나 할까. 한눈에 비교가 되어 나의 부족함을 여지없이 부각시키는 존재라고 보는 게 조금 더 정확하겠다.
 내로라하는 집안 출신에 화려한 스펙, 막강한 휴먼 네트워크, 게다가 남들이 곤혹스러워하는 일조차 대수롭지 않게 척척

해결해내는 능력까지 두루 갖추었으니 뭐 하나 내세울 것 없는 입장에선 한계를 절감케 하는 불편한 존재였다.

불편함과 반감, 노여움의 근원을 좇다가 그를 시기 혹은 질투하고 있다는 결론에 이르고 말았다. 그가 가진 풍요와 능력을 시기했고, 그가 사람들로부터 받는 관심과 인정을 질투한 것이다. 시기와 질투를 따라 마음의 바닥까지 내려가보면 그것을 지탱하는 뿌리를 만나게 된다. 뿌리의 이름은 '열등감'이다.

> 뛰어나지 못한 사람을 좋아하는 것은 어렵다. 그러나 우리보다 월등하게 뛰어난 사람을 좋아하는 것은 그보다 더 어렵다.
> ● 라 로슈푸코

나와 가깝다고 여겼던 사람의 지위가 올라갔다고 느끼는 순간, 나의 위치는 상대적으로 낮아질 수밖에 없으며 위협적으로 인식된다. 이로 인해 상대의 성공이 나에게 직접적 피해를 주지 않았는데도 반감을 품게 되는 것이다.

불교에서는 이런 감정이 '자만māna'에서 비롯된다고 해석한다. 불교의 자만은 우월감뿐만 아니라 동등감이나 열등감까지 망라하는 개념이다. 내가 비교 상대보다 여러모로 낫다고 느끼면 우월감이지만, 그보다 덜하더라도 나은 면을 찾아내어 최소한 동등감으로 느끼려 한다. 내게 나은 면모를 찾아내지 못할 경우에도 그를 깎아내림으로써 어떻게든 합리화시키려 노력한다는 점에서 '자만'이 맞다.

영어에서 '질투'나 '시기'를 뜻하는 '젤러시jealousy'는 그리스 신화에 나오는 질투의 여신 '젤로스'에서 비롯된 말이다. 과거를 돌아보면 시기나 질투를 하지 않았던 때가 거의 없었던 것 같다. 학창 시절에는 공부 잘하고 잘생긴 친구를 미워했다. 그 후에는 능력 있고 인기 있는 동료를 싫어했다. 그런 속내를 드러내지 않으려고 무던히도 애를 썼다. 하지만 질투나 시기라는 감정 자체가 잘못은 아니라는 것을 뒤늦게 깨달았다. 누구에게나 존재하는 보편적 감정일 뿐이다. 다만 그것을 어떻게 처리하느냐에서 차이가 생긴다.

열등감 또한 대단히 부끄러워해야 할 감정이 아니다. 남보다 나은 면을 갖고 있다면 덜한 면 역시 갖고 있기 마련이니 말이다. 다만 열등감을 애써 부인하려 하기 때문에 그것이 지나쳐 콤플렉스가 되고, 우월함을 입증하겠다며 기를 쓰다가 스스로는 물론 남들에게 해를 끼친다.

> 질투는 모든 고통 가운데 가장 견디기 어려운 감정이다. 그렇기에 질투심을 안겨준 장본인에 대해서는 티끌만큼도 연민의 정을 일으키게 하지 않는 것이다.
> ● 라 로슈푸코

영화 〈블랙호크 다운〉에는 아프리카 반군 무리 중 하나가 RPG-7 무반동총을 어깨에 걸쳐 메고는 상공의 헬리콥터를 격추시키는 장면이 나온다. 대표적인 '말 안 되는 장면'으로 꼽힌다. 실제 상황이었다면 그의 뒤에 서 있던 동료들이 떼죽음을 당했을 것이다.

개인이 휴대할 수 있는 작은 사이즈의 포를 무반동총이라고 부르는데 대표적인 게 RPG-7이다. 그런데 이 무기는 발사의 반동이 적은 대신 후폭풍이 문제다. 포탄이 발사되며 후방으로 충격을 분출, 뒤쪽에 있는 사람이나 물체에 치명적 타격을 준다.

질투나 시기는 이를 테면 '나보다 잘되는 꼴을 못 보겠다' 혹은 '너 잘못되는 걸 보고야 말겠다' 같은 마이너스 에너지다. 내면에 응축되어 있다가 어떤 계기만 생기면 뚫고 나와 말이나 행동으로 발산되는 특성을 지녔다.

시기와 질투에 따른 행동은 RPG-7 무반동총과 흡사하다. 눈앞의 미운 존재에게 피해를 입힐 수 있으나 무반동총을 발사한 당사자의 후방도 후폭풍으로부터 자유로울 수 없다.

내 자존심이 상해 그에게 앙갚음을 한다고 생각하지만, 따지고 보면 시기심이 행동으로 이어지는 순간, 나의 자존감이 바닥없는 수렁으로 처박힌 것이나 다름없다. 질투나 시기 때문에 누군가를 해친다는 것은 결국 스스로를 망가뜨리는 결과를 초

래한다.

> 부러움은 우리가 선망하는 사람의 행복보다 언제나 오래 지속된다. 시기하는 마음 또한 증오심보다 더 오래간다.
> ● 라 로슈푸코

질투와 시기가 항상 부정적인 것만은 아니다. 남녀 사이의 질투는 관계를 지켜내며 사랑을 풍요롭게 하는 수단이 되어주기도 한다. 연인들은 질투를 통해 자칫 식을 수도 있는 열정에 다시 불을 붙이기도 하고, 상대가 얼마나 내게 헌신하고 있는지도 확인한다.

열등감이 건강하게 해석되면 성장과 발전에 도움이 되기도 한다. 시기의 부정적 기운을 다른 방향으로 돌려주면 '나도 해볼 수 있겠다'는 향상심을 자극할 수도 있다. 무반동총마냥 앞뒤로 터져나오던 마이너스 에너지를 내부로 돌려 발전을 위한 순환형 플러스 에너지로 바꿔주는 셈이다.

누가 우월하고 열등한지를 따지며 시간과 에너지를 낭비하느니 자기가 좋아하는 것을 하는데 집중하는 게 나은 선택일 때도 있다. 인간다운 매력을 발산하는 선배들이 대개는 이렇다. 주변 사람들이 순조롭게 풀리기를 바란다. 누군가가 잘될 경우, 밥 한 끼라도 얻어먹으며 축하해줄 수 있는 '좋은 일'이 선배에게도 일어나기 때문이다.

  현명하게 어른이 된 사람들은 '자랑은 유료'라는 생각을 가지고 있다. 그래서 누군가에게 내세울 일이 생기면 시기나 질투로 반응하는 대신 유쾌한 말투로 짧게 말한다.

  "밥 사."

어떻게 때를 기다릴 것인가

바흐의 〈무반주 첼로 모음곡〉을 들으면 누군가의 쓸쓸한 뒷모습이 연상된다. 첼로의 낮은 음색이 전해주는 차분하고도 우울한 분위기 때문일 것이다. 이슬비가 내리는 날 혼자 묵묵히 걸어가는 남자의 아련한 뒷모습이 눈앞에 펼쳐지는 듯하다.

스페인이 낳은 첼로의 성자聖者 파블로 카잘스.

카잘스는 열한 살 때 바르셀로나 음악원에서 첼로를 처음 배웠는데 3년 만에 스승을 능가한다는 평가를 받았다. 그는 열세 살이 되던 해인 1889년 바르셀로나의 헌책방에서 200년 이상 잠들어 있던 바흐의 무반주 첼로 모음곡 필사본 악보를 발견했다. 그 어린 나이에 악보의 가치를 알아봤다는 게 놀라울 따름이다.

하지만 더욱 경이로운 사실은, 카잘스가 곡을 서둘러 발표하지 않고 날마다 연습과 연구를 거듭했다는 점이다. 스무 살 무렵, 그는 첼로의 거장이라 불렸다. 스물두 살에 바르셀로나 음악원 교수로 초빙되었고 정상급 멤버로 현악 4중주단을 구성했다. 그런데도 무반주 첼로 모음곡은 여전히 공개하지 않았다.

카잘스는 스물다섯 살에야 이 '불멸의 명작'을 완전한 형태로 연주해 세상에 공개했다. 12년 동안의 기다림을 거친 뒤였다.

> 시간이라는 들판 한가운데를 여유 있게 가로질러 가서 기회를 잡아라. 시간이라는 목발은 헤라클레스의 무쇠 몽둥이보다 더 큰 능력을 발휘한다. 신은 회초리가 아니라 시간으로 인간을 단련시킨다. 행운은 기다리는 법을 아는 사람에게만 엄청난 보상을 해준다.
>
> ● 그라시안

일설에 따르면 카잘스가 악보를 발견하기 전에도 몇몇 첼리스트가 모음곡 일부를 연주한 적이 있다고 전해진다. 아마도 필사본 악보가 떠돌아 다녔을 것이다. 카잘스가 찾아낸 악보 또한 바흐의 두 번째 아내 막달레나가 필사한 것이었다.

하지만 바흐가 오선지 위에 그려낸 '난해한 세계'를 완전한 형태로 실현해내는 데 성공한 인물은 카잘스가 처음이었다. 카잘스는 96세로 생을 다할 때까지 하루도 빠짐없이 연습을 한 것으로도 유명하다. 그가 남긴 음반을 들어보면 고령의 나이에 녹음한 것이라고는 믿을 수 없을 정도로 생생하게 마음을 울린다.

95세의 카잘스에게 어떤 기자가 다음과 같은 질문을 했다.

"당신은 역사를 통틀어 가장 위대한 첼리스트입니다. 그런데도 하루 여섯 시간씩 연습하는 이유가 무엇입니까?"

카잘스가 대답했다.

"연습을 통해 내 연주 실력이 조금씩 향상되고 있기 때문이지요."

카잘스가 필사본 악보를 구해놓고도 왜 12년이라는 세월을 다시 기다려야 했는지, 이 대목에서 짐작할 수 있다. 스스로에게 엄격한 사람만이 남들이 꿈꾸던 일을 해낼 수 있는데, 이때 필요한 가장 중요한 덕목이 바로 기다림과 인내다.

> 뒤로 물러서서 지켜보는 것이 다른 사람이 일으킨 태풍을 가라앉히는 좋은 방법이 될 수 있다. 당장은 고개를 숙여 양보하는 것 같지만, 결국에는 물러서서 기다린 당신이 승리한다.
>
> 맑은 물도 휘저으면 흙탕물이 된다. 흙탕물은 손을 댈수록 혼탁해지고, 가만히 두면 저절로 맑아진다. 기다리는 것이야말로 혼란스럽고 힘든 상황을 해결하는 가장 현명한 방법이다.
>
> ● 그라시안

라 브뤼예르는 당대를 흔들던 야수 같은 권력자들과 한 집안에서 살았다. 그는 40세가 다 된 나이에 당시 최고 권력자였던 콩데 집안에 들어가, 16세였던 부르봉 공작의 가정교사로 일했다. 라 브뤼예르는 예절 바르고 소박한 사람이었으나 그에게 야심이 없었던 것은 아니었다. 자유로운 정신에 혁명가적 기질까지 갖고 있었다. 그러나 사나운 콩데 집안사람들 사이에서 옴짝달싹할 방법이 없었다.

라 브뤼예르는 암살과 협잡, 배신이 횡행하는 가운데서 살아남기 위해 늘 경계하며 빈틈을 보이지 않아야 했다. 라 로슈푸코가 무력으로 의지를 실천하고 그라시안이 저작을 통해 현실과 충돌한 반면, 라 브뤼예르는 눈앞에서 펼쳐진 권력투쟁과 음모를 관찰하며 조용히 때를 기다렸다. 그리고는 당시 지배계급의 세계를 분노와 풍자의 펜으로 꾹꾹 눌러 글에 담아냈다. 그로써 그는 『성격론』(1688)을 익명으로 출판, 계몽주의를 잇는 사상적 가교 역할을 톡톡하게 해냈다.

> 초조하게 뭔가를 바라는 사람은 너무 많은 기력을 미리 소진한 탓에 바라는 것을 얻어도 충분한 만족을 얻지 못한다. 반면 스스로가 바라는 행복을 기다릴 수 있는 사람은, 그것이 끝내 찾아오지 않더라도 절망의 길을 선택하지 않는다.
> ● 라 브뤼예르

자신의 한계에 끝없이 도전해본 사람만이 기다림의 미덕을 절감한다. 함부로 다그쳐 남을 바꾸려 하지 않는다. 생각을 못할 정도로 몰아붙인다면 관계가 숙성될 여유가 없다. 아무리 사랑하는 사이라도 관계가 무르익기 위해선 곰삭을 시간이 필요하다. 그것은 타인의 다름과 못마땅함을 견뎌내는 시간이기도 하다.

기다린다고 무작정, 무한정 기다리는 것은 아니다. 비가 오지 않을 때 농부는 가만히 기다리지 않는다. 들에 나가 쟁기로 땅을 간다. 비를 불러올 재간이 없기에, 자신이 할 수 있는 방식으로 땅을 갈아엎는 것이다. 그렇게 땅을 갈면서 기다리다 보면 신기하게도 비가 내린다. 카잘스가 바흐의 무반주 첼로 모음곡 필사본 악보를 손에 넣고도 12년이라는 숙성의 세월을 기다렸던 것과도 통한다.

명검 엑스칼리버의 임자는 아더 왕으로 예정되어 있었지만, 그가 자기 키만 한 검을 뽑아들 힘을 기르기 전까지는 긴 세월 동안 바위에 깊이 박혀 있어야 했다. 기다림은 무위의 시간이 아니다. 훗날의 결실을 거뜬히 받아낼 수 있는 근력을 키우는 시간이다.

보이지 않는 성장과 성숙의 증거는 늘 기다림의 맨 끝자락에 놓여 있는 셈이다. 그래서 우리는 지금도 웃으며, 땀 흘리며 기다리는 것이다.

나의 빛과 그림자

　부지런하고 솔선수범인 여자 선배가 있었다. 그러나 노력만큼 대접을 받지는 못했다. 어떤 상사는 "보기만 해도 답답하다"며 상처를 주기도 했다. 그녀의 둔해 보이는 외모 때문이었다. 그녀와 친하게 지내는 동료도 몇 있었다. 하지만 한 꺼풀 벗기고 보면 그녀를 이용하기 위한 일종의 투자로, 휴가 일정을 바꾸거나 급한 일이 생겼을 때에만 둘도 없는 사이처럼 굴었다.

　딱해 보였는데 지금 생각해보니 그녀가 '좋은 사람의 덫'에 걸려 있었던 듯싶다. 선배는 이용당하는 것을 알면서도 거절할 줄 몰랐다. 일을 좋아하기도 했지만 부탁을 들어줄 때마다 따라오는 "당신 좋은 사람이야"라는 칭찬에 대한 미련을 떨치지 못한 것이다.

> 결점이 있으나 그런대로 잘 어울리는 사람이 있다. 그런가 하면 장점을 가지고 있으면서도 무시당하는 사람도 있다.
> ● 라 로슈푸코

좋은 사람이란 평가는 영광이지만 치명적인 약점일 수도 있다. 벤저민 프랭클린은 이렇게 경고했다. "성공에 이르는 길은 수없이 많은 반면, 실패에 이르는 가장 확실한 길이 있는데 그것은 다른 모든 사람을 기쁘게 하려는 시도다."

좋은 사람으로 인정받으려는 마음은 죄책감을 유발한다. 누군가의 부탁을 거절하거나 실망시킬 때마다 죄책감을 느끼며 그로 인해 자기 일보다 주변 사람을 먼저 챙기는 습관이 든다. 그리고 결국은 스스로를 억누르게 된다. 남의 기분 상하지 않게 하려고 반대 의견을 말하지 않으며, 일이 잘못될 경우 '내 책임'으로 덮어쓴다. 마음속 에너지는 고갈되고, 무리해서 동료나 친구들의 카운슬러가 되어주지만 정작 자신의 힘든 마음을 털어놓을 대상은 찾지 못한다. 드라마의 주인공이라면 멋져 보일 테지만 현실은 드라마와 달리 건조하다.

심리 전문가들은 특히 여성의 경우, '좋은 사람 집착'이 비만과 긴밀하게 이어져 있다고 분석한다. 남에게 맞춰주고 양보하면서도 누군가의 대수롭지 않은 한마디에 상처를 받는다. 더 좋은 사람이 되려고 자신을 채찍질할 뿐, 다독여주지 못하고 그 결핍을 달거나 매운 음식으로 채우려 한다는 것이다. 그렇게 악순환이 이어진다. 따라서 성격 좋은 비만 여성이 날씬한 몸매로 변신하기 위해서는 다이어트가 급한 게 아니다. '좋은 사람의 덫'에서 벗어나는 게 먼저다.

나를 고통스럽게 하는 요인을 면밀하게 살펴보면, 그 뿌리가 '내세우고 싶었던 점'과 연결되어 있음을 발견할 때가 있다.

> 누구나 장점과 단점을 가지고 살아간다. 단점을 극복하기 위해 가장 먼저 할 일은 자신의 단점에 관심을 기울이는 것이다. 단점을 내버려두는 순간 단점은 폭군처럼 우리를 지배한다.
>
> ● 그라시안

약간의 노력이 행운을 만나는 바람에 승승장구했던 적이 있다. 손가락 끝을 높이 치켜들면 하늘이 우루루 쏟아질 것만 같은 터무니없는 자신감에 사로잡혔다. 하지만 그런 자신감은 경솔함이란 약점을 그림자로 거느리기 마련이다.

약점을 간파한 안목의 소유자가 가까이에 있었다. 자기 일보다는 남이 뭘 하는지에 관심을 기울이는 '남 전문가'였다.

그가 자동판매기에서 커피를 뽑다가 말을 걸어왔다. "상사가 인간적 모욕까지 줘가며 괴롭히는데 싸이코패스가 따로 없다"
는 험담을 해댔다. 몇 마디 거들다가 싸이코패스와 소시오패스
를 주제로 대화가 이어졌다. 그의 상사의 경우 어느 쪽에 해당
되는지를 놓고 웃어대기도 했다.

며칠 지나지 않아 실수의 대가를 진땀으로 치러야 했다. 우
연히 '남 전문가'의 팀과 점심을 함께 하게 됐는데, 그가 '싸이
코패스'라던 상사 옆에 붙어 앉아서는 함께 흉을 봤을 때의 멘
트를 억양까지 흉내 내어 전했다. 상사와의 관계를 다지기 위
해 '어제의 험담 동지'를 손바닥 뒤집듯 배신한 것이다.

물론 '남 전문가'만 탓할 일은 아니었다. 인정을 좀 받는다고
거만해진 나머지, 다른 사람들을 만만하게 여겼다가 큰코다친
형국이었다.

> 진지하지 못해 뛰어난 재능을 발휘하지 못한 사람도 있고, 높은 자리에 있
> 으나 가족이 원하는 부드러움이 부족한 사람도 있다. 추진력이 부족한 사
> 람이 있는가 하면 신중함이 부족한 사람도 있다. 지혜로운 사람은 스스로
> 의 부족한 점에 주의를 기울여 그것을 장점으로 승화시킨다.
> ● 그라시안

양식 많은 집엔 자식이 귀하고, 아들 많은 집엔 굶주림이 있
으며, 높은 벼슬아치는 꼭 멍청하고, 재주 있는 인재는 재주 펼

길이 없으며

 집안에 완전한 복을 갖춘 집 드물고, 지극한 도는 늘상 쇠퇴하기 마련이며, 아비가 절약하면 아들은 방탕하고, 아내가 지혜로우면 남편은 바보이며

 보름달 뜨면 구름이 자주 끼고, 꽃이 활짝 피면 바람이 불어대지. 세상일이란 모두 이런 거야, 나 홀로 웃는 까닭 아는 이 없으리.

— 정약용의 『독소獨笑』 중에서

> 누구나 자기 자신을 타이를 수 있는 결점을 타인에게서 발견하는 법이다.
> ● 라 로슈푸코

 착하다, 그러나 다른 사람들의 반응에 민감해 상처를 자주 받는다. 건강하다, 그러나 집중력이 부족하다. 자존심이 강하다, 그러나 수치심을 자주 느끼고 자존심을 위해 거짓말을 할 때가 있다.

 세상은 공평하지 않다, 그러나 공평하다. 개인의 성격만이 아니다. 가정 또한 마찬가지다. 능력 있는 남편과 교양 있는 아내에게 뭔가 부족한 아이를 안겨준다. 부부는 지독한 마음고생을 통해 인정하고 받아들이는 지혜를 얻는다.

 어떤 이에겐 돋보이는 외모를 준 대신, 만족하는 심성을 앗

아간다. 내가 매긴 나의 가치보다 남이 보는 나의 가치만을 보니까, 잘난 몸매와 잘생긴 얼굴을 갖고도 외모 콤플렉스에 시달린다. 원인과 결과가 서로 넘나든다.

  좋은 것을 주고는 다른 것을 빼앗아가버린다. 재앙을 주면 그 대가로 좋은 선물도 잊지 않는다. 그러니 어쩌겠는가. 그 모든 것들을 받아들일 수밖에. 그것들로부터 초연하거나, 좋은 점과 안 좋은 점을 결합해 조화를 이루거나, 안 좋은 점에 절망하거나는 오롯이 나의 선택이다.

닐 아드미라리

"공짜 점심은 없다."

노벨 경제학상 수상자인 밀턴 프리드먼Milton Friedman의 명언이다. '자원은 한정되어 있기 때문에 무엇인가를 얻기 위해선 다른 대가를 치러야 한다'는 뜻으로 인용해 유명해졌다.

19세기 말의 미국에는 '공짜 점심 처벌법'이라는 게 있었다. 정말로 공짜 점심이 있었을까 싶겠지만, 알고 보면 일종의 상술이었다. 당시, 술 한 잔을 시키면 점심을 덤으로 주는 식당이 생겨나 붐을 이뤘다. 사람들은 공짜 점심에 현혹돼 식당으로 몰려들었다. 하지만 술 한 잔에 점심만 먹고 일어나는 경우는 드물었다. 한 잔이 여러 잔을 부르는 바람에 대낮부터 폭음하는 사람이 늘어났다. 식당 주인들이 노리는 바였다. 알코올 중독자가 크게 늘었고 급기야 뉴욕 주는 1896년 '공짜 점심 처벌법'을 만들어 단속에 나섰다.

지금이야말로 '공짜의 전성시대'다. 인터넷을 통해 무료로 뉴스를 보고 음악과 동영상을 거저 감상한다. 네트워크에는 수많은 공짜 서비스가 넘쳐난다. 지구촌의 어느 누구와도 전화비 부담 없이 소통할 수 있다. 그 결과 수많은 사람들이 네트워크 중독자로 전락했고 이들을 위한 특단의 대책이 필요한 시점이 되었다.

친구의 SNS에 접속했다가 친구의 친구에게까지 빠져든다. 가상공간에 펼쳐진 풍요롭고 행복한 신세계를 항해하다 보면 나를 제외한 모두가 위대해 보인다. 폭주하는 상상력의 고삐를 잡아채지 못한 채 끌려다닌다. 그러다 문득 생각한다.

'나만 불행해.'

너무 많은 것을 공짜로 알아버린 대가다.

> 때로 상상력은 폭군처럼 행동한다. 사람들은 상상력을 적절하게 통제하지 못하고 끌려 다니다가 큰 슬픔과 실패를 맛본다. 반면 어떤 사람은 상상력을 통해 행복해질 뿐 아니라 유쾌하고도 아찔한 모험을 체험하기도 한다.
>
> ● 그라시안

대개의 경우, SNS 세상의 항해는 연전연패를 위해 떠나는 천로역정과도 같다. 현실의 아픈 기록들은 기억에서 흔적도 없이 지워버리거나 부정하는 반면 가상공간에서 부러웠던 패배의 기억들은 삭제 처리하는 법이 없다.

무한으로 확장되어 있는 공간을 타고 넘어 구석구석 구경하고 다닌다. 아랍 최고 부호의 일상생활로부터 연예인의 맛집 탐방까지. 물론 가장 아픈 것은 가까운 사람들의 행복한 일상이다.

마음 다치지 않으려고 "다시는 보지 않겠어" 하고 결심하지만 미봉책일 뿐이다. 3분도 지나지 않아 스마트폰을 들고 술에 취해 조는 김유신을 태운 말처럼 친구들의 SNS를 찾아간다.

SNS 내용 중 일부는 허구일 수도 있음을 안다. 적지 않은 이가 냉동식품을 먹으면서도 멋진 요리를 먹는 듯 글을 올리고, 해고를 당했음에도 꿈을 위해 회사를 그만둔 것처럼 왜곡한다. 진실임을 입증하기 위한 인증샷마저 연출과 거짓이 횡행하는 세상이다.

그럼에도 우리는 이렇게 말한다. 고삐 풀린 상상력은 그저 믿고 싶은 것이다.

"그럴 리가 있겠어?"

큰 죄를 범할 능력이 없는 사람은, 다른 사람이 그런 짓을 할 수 있으리라

고는 좀처럼 상상도 하지 못한다.

● 라 로슈푸코

    순진한 우리는 별의별 것들을 다 안다. 그러나 보이는 현상들 사이사이에 알알이 배어 있는 진실들은 애써 외면한다. 이를테면 SNS에 올라온 타인의 삶은 아름다운 드라마로 펼쳐져 있으나, 그게 사실은 편집본이라는 진실, 그들이 보여주는 행복은 '일상이 아닌 특별한 순간'이기에 채택됐다는 진실 말이다.
    부러운 상대를 온전히 이해하기 위해 진짜 상상력을 발휘해야 할 대목은 '무대 뒤의 대기실'이며 또한 '편집되지 않은 날것 그대로의 일상'이다.
    SNS 주인공의 남자친구는 그녀와 보낼 소중한 시간을 위해 얼마나 많은 야근을 자청했을지, 다른 주인공 그녀는 매일 몇 킬로미터를 달리며 고통을 참았기에 그처럼 날씬한 몸매를 갖게 되었는지, 또 다른 주인공 부부는 얼마나 많은 날들을 잠 설쳐가며 정성을 다했기에 아이의 첫돌에 저토록 행복한 웃음을 짓는지.
    상상력의 고삐를 잡아채어 방향을 바꾸면 새털처럼 많은 시간과 나날들을 떠올릴 수 있다. 그런 시간들이 우리 삶을 이루는 기둥이고 자부심이다.

> 상상에 욕망이 더해져 지나친 기대를 갖게 되면 실망도 그만큼 커지는 법이다. 희망만큼 현실을 왜곡시키는 것도 없다. 염두에 둔 바를 이루기 위해서는 냉철한 이성으로 들뜬 희망을 다스려야 한다.
>
> ● 그라시안

심리학자들은 목표 성취율이 높은 사람일수록 내부 요인에서 동기를 부여받는 경향이 있다고 지적한다. 그들은 '남들의 눈에 보이는 나'보다는 '내가 보고 싶은 나'를 주로 상상하고 행동에 옮긴다. 실천은 경험으로 쌓이고 또 다른 상상력으로 이어진다. 상상과 성취의 견고한 벽돌 쌓기만으로도 바빠서 남들을 곁눈질할 틈도 없다.

스스로 이룩한 성취와 경험을 많은 사람들에게 나눠주기 위해 SNS를 활용할 수도 있다. 실제로도 적지 않은 이가 자신의 노하우를 아무런 대가를 바라지 않고 모든 이에게 차별 없이 전해준다.

19세기 말 미국의 공짜 점심도 그럴 수 있었겠지만, SNS 역시 어떻게 활용하느냐에 따라 우리 삶에 큰 도움이 되기도 한다. 좋은 쪽으로 상상력을 발휘한다면 무한으로 펼쳐진 가능성과 접속할 수 있다. 물론 그 중심을 차지하는 것은 소외된 구경꾼이 아닌 '쓸 만한 나'여야 한다.

그래도 여전히 남의 SNS에 접속해 한숨을 짓고 있는 나를 발견한다면, 나의 프로필 사진 밑에 이런 주문을 돋보이게 써놓는 것도 좋은 방법일 것이다.

'닐 아드미라리nil-admirari'

'어떤 일에도 마음이 움직이지 않는다'는 뜻이다. 고대 로마의 시인 호라티우스가 행복을 유지하기 위한 유일한 길이라며 『서간집』에 남긴 말이다. 온갖 부러움의 신세계가 SNS를 통해 버라이어티로 펼쳐져도 그것은 남의 사정일 뿐, 나는 흔들리지 않을 것이다.

저울질과 분별력

 남녀가 만나 마음속에 서로를 위한 길을 닦기 시작할 때 '좋은 감정'만큼이나 빠르게 질주해오는 '부정적인 감정'이 있다.
 두려움이다. 상대에게 섣불리 빠져들었다가 손해를 입지나 않을까 하는 본능적 두려움이 번번이 브레이크를 밟아 머뭇거리게 한다. 혼자만 좋아하거나 상대에게 이용당하고 있음을 알았을 때 훼손된 자존감 또한 큰 손해다. 때로는 편안하게 다가서려 해도 상대가 경계심을 드러낸다면 더한 상처를 입을 뿐이다.
 그리하여 남녀는 자존심을 위해 머릿속에서 치밀하게 계산기를 두드린다. 다가섰다 멀어졌다를 거듭하며 서로의 감정을 확인하고 한편으로는 애착관계를 형성한다.

하지만 '밀당(밀고 당기기)'이 분별력을 잃는 순간, 시험에 들게 하는 아픈 말이 입 밖으로 튀어나오고 만다. 상처받은 상대의 모습을 보며 사랑받는 스스로에 대해 희열과 우월감을 느낀다.

> 인간의 무분별은 자존심에서 나오는 가장 위험한 것이다. 자존심은 날이 갈수록 우리의 눈을 멀게 한다.
> ● 라 로슈푸코

불가항력으로 일어난 '사고' 같은 사랑도 있지만, 대부분의 사랑에는 조건과 계산이 따라다닌다. 내가 만족할 만큼의 사랑을 받을 수 있을지, 상대가 나를 위해 어느 정도까지 시간과 정성을 써줄지, 또한 이 관계가 향후 어떤 모습으로 발전해나갈 것인지 등을 '종합적으로' 고려해가며 만남을 지속할지 여부를 정한다.

내가 상대로부터 받을 수 있는 유무형의 가치들과, 내가 상대에게 줄 수 있는 온갖 가치들도 따져보게 된다. 상대 또한 다르지 않을 것이라는 마음에 공평하게 맞춰보려고 한다. 한쪽으로 약간 기울지라도 그 차이가 커지는 않도록 조정해본다. 자칫하다간 애써 키워온 사랑이 중심을 잃은 채 좌초할 수 있으니 말이다.

이렇게 보면 사랑 또한 순수한 감정만은 아닌 이해관계의 조화와 결합이라고 할 수 있다. 그렇다고 추하거나 불결한 것은 아니다.

> 지식을 갖추는 것은 좋지만, 많이 안다는 구실로 사람들을 피곤하게 만들 수 있다. 누군가를 향한 도를 넘는 비판은 분란을 일으키고 오히려 어리석은 사람만 못하다는 평판을 얻게 한다. 현명한 사람은 문제의 본질에서 벗어나지 않으면서 분별 있는 태도를 유지한다. 그러니 영리한 사람이 되기보다는 분별 있는 사람이 되어라.
> ● 그라시안

사랑만큼이나 숭고하게 여겨지는 '선善'조차, 엄밀하게 보면 이해관계와 맥락이 이어져 있다. '선'의 반대는 일반적으로 '악'이다. 하지만 사람 사이의 일은 상식의 이분법으로 분류할 수 없을 때가 많다. 사랑하는 사이에서는 특히 그렇다. '악' 때문이 아니라 '최선의 노력' 때문에 서로가 질릴 수도 있는 것이다.

각자의 방식으로 기울인 '최선'이 상대에게서 그 가치를 인정받지 못할 경우 배신감을 느낄 가능성이 높다. 세상 모든 사람이 외면해도 눈앞의 한 사람만은 알아줄 것이라고 믿어 의심치 않았기 때문이다. 각자의 '최선'이 정면으로 부딪힐 때에는 갈등의 골이 더욱 깊어진다. 나의 '최선'이기에 양보할 수 없는 반면 상대의 '최선'은 우스꽝스럽고 이상하게 보인다.

결국 상대를 위한 '최선'이 역으로 두 사람의 관계를 위험하게 만드는 셈이다. 서로의 최선이 다를 수도 있음을 받아들이면 편하겠지만 '무시당한 나의 최선'만이 머릿속에 가득 들어차는 바람에 상대의 다른 방식에 대해선 생각해볼 여유가 없다.

> 베개는 말이 없는 예언자이다. 어려운 상황이 닥친 다음에 뜬 눈으로 밤을 새우기보다는 일을 시작하기 전에 미리 충분히 생각하면서 잠자리에 드는 것이 현명하다. 깊이 생각한 후에 앞날을 준비하는 사람은 자신의 운명을 스스로 만들어나갈 수 있다.
> ● 그라시안

친구들만 만나면 거대 담론으로 시간을 보내게 된다. 특히 아는 게 유난히 많은 친구의 열변을 듣다 보면 세상 걱정이 안 될 수가 없다. 나라 잘 되는 게 '최우선'이라는 강고한 믿음이 뿌리를 내린다.

그렇게라도 깨어 있어야 위협으로부터 세상을 지킬 수 있을 것이라는 소시민 나름의 애국이다. 우리들 소시민이 할 수 있는 걱정들이 모여 여론이 되고 강이 되어 언젠가는 바다를 이룬다고 믿는다. 우리 각자가 세상의 위험을 한 바가지씩 퍼 나른다면 그나마 더 나은 세상을 만들어갈 수 있지 않을까 하는 희망도 가져본다.

그러면서도 이따금 죄책감을 느낀다. 내 가족 하나 제대로 돌보지 못하면서 치국治國과 평천하平天下를 떠들며 잘난 척을 하고 있는 것은 아닌지. 물론 큰 것(나라)이 잘 되면 작은 것들(가정사)은 저절로 해결될 거라고 믿는 것 또한 아니다.

> 지혜로운 사람이 되기 위해서는 다른 사람들의 눈에 지혜롭게 보이는 것으로는 충분하지 않다. 인간은 자신이 어리석다는 사실을 인정할 때 진정한 지혜에 좀 더 가까이 다가가게 된다.
> ● 그라시안

이치를 뜻하는 '理'는 옥돌의 결을 나타내는 글자다. 옥돌에 섞여 있는 옥을 빼내려면 돌의 결에 따라 자르고 깨고 쪼고 갈아야 한다. 섣불리 자르고 깨려다가는 멀쩡한 옥을 망가뜨려 손해를 입기 십상이다.

우리 삶의 이치 또한 이와 같다. 한비자는 "이치란 사물을 이루는 무늬"라고 했다. 모든 사물과 사건에는 나름의 결과 무늬가 있는 것이다. 그것부터 분별할 줄 아는 게 지혜다.

생존을 위한 플랜B

　전한시대 승상 전분에게 '적복'이라는 문사가 있었다. 적복은 전분이 라이벌 두영과 승상 자리를 두고 경합을 벌이자 나서서 간언을 했다. 나이가 많은 두영에게 양보를 하고 나중에 차지하는 게 유리하다는 것이었다.

　전분은 이를 받아들였고 두영이 승상에 올랐다. 전분은 축하 인사를 적복 편에 보냈다. 적복은 자기가 전분을 설득한 것을 내세워 공을 인정받을 수도 있었지만 그렇게 하지 않았다. 대신 이렇게 충고했다.

　"승상께서는 천성적으로 나쁜 사람을 미워합니다. 천하에는 그런 사람이 아주 많아서 그들이 승상을 비방할 것입니다. 부디 악인을 상대하는 법을 배워야 합니다."

그러나 두영에게는 귀에 거슬리는 말이 들릴 리 없었다. 라이벌의 문사가 하는 충고이니 저의가 의심스럽기도 했다. 결국 두영은 적복의 선의를 무시했다가 중상모략에 휘말려 자리에서 물러나게 되었다.

> 진심에서 우러나온 선의와 교묘하게 꾸며진 속임수를 식별한다는 것은 좀처럼 쉬운 일이 아니다.
> ● 라 로슈푸코

나중에 전분은 두영에게 적복을 보내 약속했던 땅을 달라고 했다. 그런데 마침 두영과 함께 있던 관부가 끼어들어 적복에게 욕을 퍼부었다. 적복은 조용히 돌아와 전분에게 전했다. "두영은 나이가 많이 들었습니다. 조금 더 기다리시기 바랍니다."

억울하게 욕을 먹은 일을 숨기고 오히려 전분을 설득한 것이다. 하지만 이런 노력에도 불구하고 전분이 내막을 알게 되어 두영과 관부에 대한 원한을 품게 되었다. 나중에 관부가 전분의 연회를 망치자 중재에 나선 사람도 적복이었다. 적복이 사과를 권하자 관부는 가슴을 내밀며 이렇게 맞섰다.

"오늘 머리가 잘리고 가슴이 파헤쳐진다 해도 나는 두렵지 않습니다."

적복은 술 취한 관부를 붙잡아 억지로 고개를 숙이려 했으나 관부가 목에 힘을 준 채 버티는 바람에 수포로 돌아갔다. 적복이 관부를 대신해 전분에게 잘못을 빌며 관용을 청했지만 이미 늦어버렸다. 그런 노력에도 불구하고 관부와 그의 일가는 참혹하게 죽임을 당하고 말았다. 이후 적복은 전분을 떠나 홀연히 사라졌다.

> 아무 문제없다고 안심한 날이 어이없게도 가장 위험한 날일 수 있다. 자신만만해 할 때가 가장 공격받기 쉬운 때이다. 운명의 여신은 우리가 경계심을 보이면 움직이지 않다가 전혀 예기치 못한 날을 선택해 공격하기 때문이다.
> ● 그라시안

구르빌은 라 로슈푸코 공작의 비서 겸 집사였다. 라 로슈푸코보다 10살가량 어린 그는 스물한 살에 채용되어 오랜 기간 생사를 함께했다. 라 로슈푸코가 전투에서 부상을 당할 때마다 구르빌이 곁에서 그를 보호했다. 1652년 생탕투안 결전에서 공작이 실명失明에 가까운 중상을 입었을 때에는 몸으로 방패막이가 되어주기도 했다.

라 로슈푸코가 죽을지도 모른다며 몰려든 채권자들을 교묘하게 설득해 지불을 연기하고 이자를 낮춘 것도 구르빌이었다.

구르빌은 재무장관을 찾아가 설득해 라 로슈푸코가 갖고 있던 밀 800부대에 대한 처리 허가를 얻어 상당한 금액을 조달하는가 하면 궁정과 귀족 부인들을 찾아다니면서 급전을 빌려오는 수완을 발휘했다.

마자랭이 반역 주모 세력에 대한 검거령을 내리자마자 정보를 입수해 라 로슈푸코와 롱그빌 부인을 파리 외곽으로 도피시킨 장본인 역시 구르빌이었다. 그는 마자랭이 왕의 군대를 동원해 베르퇴유 성을 공격, 전투가 벌어졌을 때에도 극적인 평화회담을 성사시켰다. 늘 여러 채널을 통해 다양한 가능성에 대비해놓는 게 그의 스타일이었다.

구르빌은 라 로슈푸코가 은퇴를 선언한 이후 채무 문제를 해결해주고는 비서 겸 집사 노릇을 그만두었으나 우정은 평생에 걸쳐 이어갔다.

구르빌은 재무장관 니콜라 푸케와 친구가 되었는데 푸케는 불법으로 벌어들인 돈으로 인부 900명을 동원해 자신의 성을 지었다. 정원에 1200개의 인공 분수와 폭포가 배치된 호화로운 성이었다. 루이 14세가 초대를 받았다가 순금 식기를 보고는 격노해 푸케의 전 재산을 압류하고 시골로 유폐시켜 다시는 돌아오지 못하게 했다. 푸케의 정원을 설계하고 건축한 전문가들은 나중에 베르사이유 궁전 건축에 동원되었다.

구르빌 역시 다양한 수단을 통해 엄청난 재산을 축적했다.

그의 상전인 라 로슈푸코가 8천 리브르의 연금을 받게 되었다고 뿌듯해할 때 구르빌은 도박으로 하루에 7만 리브르를 딴 적도 있었다.

하지만 푸케와는 달리, 구르빌은 자기 재산에 대해 입도 뻥긋하지 않았다. 그럼에도 그의 벼락출세와 축재에 대한 밀고가 들어와 한동안 감옥신세를 져야만 했다. 이때도 그의 '준비정신'이 빛을 발했다. 간수장과 미리 친구가 된 그는 죄수 신세임에도 간수들과 노름을 하거나 고기를 함께 구워 먹는 등 특별대우를 받았다.

나중에는 권력자 콩데 공의 집사가 되었고 남작의 작위를 얻어 왕의 국무고문관에까지 올랐다. 신출귀몰한 수완으로 상전보다 더 큰 부자가 되고 작위까지 받았지만 평생에 걸쳐 라 로슈푸코를 돌봐주고 그가 눈을 감을 때에는 곁을 지켜주었다.

> 필요한 것들을 두 배로 준비해두어라. 더 나은 것을 찾을 수 없더라도 단 하나에만 의지하지는 마라. 특히 도움을 받거나 호의를 얻는 데 필요한 수단은 반드시 두 가지씩 준비해야 한다. 사람의 의지는 약하고 변덕스러워서 항상 여분을 비축해둘 필요가 있다. 조물주가 우리 몸에서 중요한 부분을 두 개씩 만들어놓은 것도 이 같은 이유에서다.
> ● 그라시안

많은 직장인이 '줄서기'나 '사내정치'에 혐오감을 드러낸다. 물론 정확히 표현하면 줄서기나 정치가 미치는 부정적인 영향을 싫어하는 것일 게다. 하지만 그러면서도 자의든 타의든 줄을 설 수밖에 없는 게 현실이다.

적복과 구르빌은 보통 사람들과는 다른 줄서기 방식을 보여준다. 상전에게 도리를 다하되 반대편을 위한 준비도 미리 해놓음으로써 자신이 활동할 수 있는 회색지대를 넓혀놓은 것이다.

최선보다는 차선을 추구하며, 유일한 계획에 올인하기보다는 플랜B라는 여유를 미리 만들어놓는 현실주의 노선이다. 이런 사람들은 우리 편과 적을 넘나들며 다양한 입장을 고려해 늘 두 배의 준비를 해놓는다. 그들이 보여주는 유연함 또한 치밀한 준비의 결과인 셈이다.

하이에나를 부르는 습성

　교외의 대형 골프 연습장에 가면 낯익은 풍경을 만날 수 있다. 너도 나도 헤드가 큼지막한 드라이버를 꺼내 들고 호쾌한 샷을 날린다. 꽤 먼 거리까지 뻗어나가 그물망 위쪽을 때리는 공도 적지 않다. 그 공을 쳐낸 골퍼는 주변 사람들로부터 경탄과 선망 어린 시선을 받는다. 흡사 골프의 고수처럼 보인다.
　하지만 실제로 필드에 나가면 양상이 달라진다. 필드에서 가장 많이 쓰는 골프채는 홀에 공을 넣는 퍼터다. 90타 수준이라면 보통 36개가량의 퍼팅(18홀 내내 2퍼팅으로 가정)을 한다. 별것 아닌 듯 보이는 퍼팅이 스코어의 43%가량을 차지한다(미국 프로골퍼협회 분석). 하지만 3퍼팅을 하고도 공을 넣지 못하는 아마

추어 골퍼라면 그 비중이 더 높을 수밖에 없다. 퍼터에 이어 많이 쓰이는 게 아이언과 웨지다. 실력에 따라 다르지만 점수의 30~40%가 아이언과 웨지의 정교함에 달려 있는 셈이다.

필드에서 가장 적은 비중을 차지하는 게 드라이버인데, 18홀을 돌면서 14번 쓰게 된다. 그런데도 연습장에서는 대부분이 드라이버만 열심히 쳐댄다. 아이언이나 퍼팅을 연습하는 사람은 그보다 적다. 그 결과, 연습장에선 프로페셔널이지만 필드에만 나가면 3퍼팅, 4퍼팅을 반복하며 신경질을 부리는 골퍼가 대거 배출된다.

골프 게임의 본질을 잊었기 때문이기도 하다. 골프는 공을 누가 더 멀리 보내느냐만을 놓고 겨루는 게임이 아니다. 누가 적은 타수로 홀 안에 넣느냐를 겨루는 게임이다. 공을 200미터 이상 날리는 드라이버나 10센티미터 움직여 홀에 넣는 퍼팅이나 '1타'인 것이다.

> 겉으로는 대단해 보이지만, 속내를 알고 보면 그렇지 않은 사람이 적지 않다. 어울리다보면 존경하는 마음보다 실망이 커지기도 한다. 누구나 인격 혹은 재능에 문제를 가지고 있기 때문이다. 그러니 다른 이를 지나치게 높이 평가해 두려워할 필요는 없다. 그렇다고 상대를 과소평가 하지도 말라. 경험이 많은 사람은 상상을 통제함으로써 대상의 본질을 꿰뚫는다.
>
> • 그라시안

유난히 의심이 많은 여성이 있다. 어느 날 친구 A에게 남자친구가 생겼다는 소식이 들리자 그녀는 '그럴 리가 없어. A가 거짓말을 하는 거야'라고 생각했다. A는 자기에 비해 여러모로 많이 처지는 친구였다. '걸리기만 해. 내가 거짓말을 증명해낼 거야.'

기회가 왔다. A가 남자친구와 영화를 본다는 극장 근처로 친구들을 불러 모았다. 친구들은 짓궂은 장난 정도로 여겼지만 그녀는 A가 제대로 걸려들었다며 회심의 미소를 지었다. A는 극장은 고사하고 근처에 오지도 않았을 게 틀림없었다.

영화가 끝나기를 기다려 A에게 기습적으로 전화를 걸었다. 잠시 후 그녀와 친구들이 앉아 있는 커피전문점에 A가 모습을 드러냈다. 그 뒤로 남자친구가 따라 들어왔다. 그녀는 당황한 나머지 음식을 먹는 둥 마는 둥 하다가 먼저 일어서고 말았다. 체하는 바람에 며칠을 고생했다. 친구의 거짓말이라고 100% 자신하며 다른 가능성을 차단해두었던 것이 그녀를 더 아프게 했다.

> 행운을 꿈꾸지 않는 이가 없는 것처럼, 자신이 못나기만 했다고 생각하는 사람 역시 없다. 잘난 구석이 별로 없는 사람일수록 자신에게 관대하며 스스로를 높이 평가한다. 하지만 좋은 결과를 바라더라도 최악의 상황을 예상해야 어떤 결과가 나오더라도 담담하게 받아들일 수 있다.
>
> ● 그라시안

> 우리의 적은 우리 자신보다 훨씬 더 정확하게 우리를 판단한다.
> ● 라 로슈푸코

누군가의 겉모습만 보고 칭송하며 자신의 목도리로 두르다가, 신비감이 사라지고 나면 언제 그랬냐는 듯 경멸을 드러내는 부류를 일컬어 '속물'이라고 한다. 다른 이에게 새롭고 대단한 것을 기대했다가 그 약발이 떨어질 즈음 '알고 보니 별것 아니네' 식의 실망을 쏟아낸다. 그런데 이런 사람은 남을 함부로 보다가 일생에 걸쳐 몇 번은 하이에나 같은 이를 만나게 된다.

하이에나는 볼품없다. 늑대와 개의 중간쯤 크기에 멋도 기품도 찾아볼 수 없는 맹수 같지도 않은 모습이다. 낑낑거리는 울음소리를 내서 더욱 우습게 보인다. 그런데 백수의 왕 사자와 이토록 볼품없는 하이에나가 싸우면 어느 쪽이 이길까?

초원을 낭만적으로 보는 인간의 눈에는 단연코 사자일 것이다. 일대일로 붙으면 당연히 사자가 이긴다. 그러나 현실은 다르다. 웬만하면 사자가 슬며시 피한다.

사자는 싸움 자체보다 상처 나는 것을 두려워한다. 싸우다가 다쳐 발이라도 절게 되면 그 이후의 장면은 뻔하다. 절뚝거리는 사자와 뒤를 쫓으며 결정적인 기회를 노리는 하이에나들… 하이에나는 멍청해 보이지만 영악한 놈들이다.

하이에나 같은 사람은 수치와 모욕을 안긴 상대를 잊는 법이 없다. 그러나 하이에나가 백수의 왕이 누구든 상관하지 않는 것처럼, 자신에 대한 남의 생각을 바꾸려고 애쓰지도 않는다. 다만 지치지 않고 끈기 있게 노리다가 상대가 약점을 드러내는 순간 기회를 낚아챌 뿐이다.

자기만의 잣대로 상황을 쉽게 판단하거나 다른 이를 마음대로 규정하는 습성은 하이에나 같은 사람의 후각을 자극하는 특유의 냄새를 짙게 풍긴다. 우리가 일상에서 만나는 하이에나가 언제나 사람의 모습인 것은 아니다. 불운 또한 크게 다르지 않다.

> 자신의 무지를 모르는 사람에게는 어떤 방법으로든 그것을 일깨워줄 수 없다. 무지한 사람은 부족한 것을 알려고 하지 않기 때문이다.
> 남에게 조언을 구한다고 지혜가 가려지는 것도 아니고, 자신의 능력을 의심받지도 않는다. 오히려 조언을 구함으로써 자신에게 없는 더 큰 것을 얻을 수 있다.
>
> ● 그라시안

일이 생각처럼 풀리지 않을 때, 사람들은 둘 중 하나를 선택한다. 다른 사람들을 만나 물어보거나 그럼에도 불구하고 밀고 나가거나.

스스로 운의 흐름이 좋지 않다고 생각할 경우, 여럿에게 의견을 구하는 쪽을 택할 것이다. 운 좋은 사람들의 '덕'을 보기 위함이다. 다양한 의견을 듣고 조합하다 보면 보다 다양한 층위에서 문제에 접근하게 된다.

  이런 방식으로 자신과 주변을 자주 돌아봄으로써 좋은 안목들을 빌려와 불운으로부터 스스로를 지켜낼 수 있을 것이다. 객관적 시각을 가지려고 노력하는 과정에서 본질이 무엇인지를 끊임없이 되새기게 된다. 매일 세 번 하는 양치질이 치아를 건강하게 관리해주는 것처럼 말이다.

패배자를 만들지 않는 승자

'던바의 법칙'이라는 게 있다. 영국의 문화인류학자 로빈 던바 교수가 주창한 것으로, 발이 아무리 넓고 사귀는 재주가 뛰어난 사람이라도 의미 있는 관계를 맺을 수 있는 숫자는 150명이 최대라는 의미다. 던바 교수는 원시 부족 구성원의 평균수가 150명 안팎이라는 사실을 발견해 이를 근거로 던바의 법칙을 주장했다.

이제는 정보기술의 발전에 힘입어 직접 만나지 않고도 네트워크를 통해 사람들과 교류할 수 있게 되었다. 자주 만날 수 없는 먼 곳의 친구까지 SNS를 통해 수시로 이야기를 주고받는다. 하지만 SNS 친구들 중에 친밀감을 갖고 지속적으로 교류하는 상대는 많지 않다. 서로의 기대를 채워주고 돌려받는 게 생각만큼 매끄럽지 못하기 때문이다. 내가 올린 사진이나 글에 '좋아요'가 잔뜩 달리면 뿌듯하지만 친구들을 수시로 방문해 '좋아요'를 달아주는 데는 인색하다. 아무리 손가락 몇 번으로 통할 만큼 시공간이 좁아졌다 해도 꾸준하게 관계를 이어간다는 것은, 여전히 쉬운 일이 아니다.

> 타인이 어떤 사람인지 빨리 알아차리기, 그리고 상응하는 대접을 해주기. 이 두 가지 일은 언제나 해야 하는 일임에도 불구하고, 거의 모든 귀한 분들이 이렇게 하지 못한다.
> ● 라 브뤼예르

　로빈 던바 교수는 최근 SNS까지 영역을 확장한 새 연구 결과를 발표했다. 인기 연예인이 아닌데도 SNS 친구가 1천 명 이상인 사람이 적지 않다는 점을 '던바의 법칙'에 반영한 것이다.
　던바 교수는 여전히 '150명의 룰'을 지켰다. 그는 SNS 친구가 1천 명이 넘는 사람이라 해도 정기적으로 연락을 주고받는 사람은 150명 정도이며, 인간적으로 소통하는 대상은 20명에 불과하다고 분석했다.
　그런데 이따금 던바의 법칙을 무색하게 만드는 사람을 만나기도 한다.

그가 낯선 곳에 출장이나 여행을 가면 많은 SNS 친구들이 안부인사와 함께 다양한 정보를 실시간으로 전해준다. 어디 가서 무엇을 먹으면 좋을지, 바쁘더라도 꼭 들러야 할 장소가 어디인지를 정성스럽게 알려준다. 때로는 그곳에 사는 초면의 SNS 친구가 마중을 나와 반겨주는 경우도 있다.

부럽다. 하지만 그가 기울이는 노력과 정성을 들여다보면, 아무나 그렇게 할 수 있는 게 아니라는 사실을 깨닫는다. 무엇보다도 SNS에 답글을 달 때조차 영혼 없는 한마디로 채우는 적이 없다.

각각의 사람들을 기억하는 것도 놀랍지만 더 탁월한 것은 안목이다. 그들 하나하나를 알아보고 언제 어떤 말을 해줘야 할지를 염두에 두고 있다. 평소 신경을 쓰고 섬세하게 살펴 기억에 담아두고 있어야 그렇게 맞춤으로 반응할 수 있다.

> 상대의 장점을 찾아냈다면 바로 칭찬하라. 상대는 당신이 뛰어난 안목을 가졌다고 사람들에게 널리 알릴 것이다. 그러면 다른 사람들도 당신의 칭찬을 은근히 기대할 것이다. 칭찬은 대화를 매끄럽게 만들고 상대로 하여금 칭찬받을 행동을 하도록 이끈다. 칭찬은 가장 적은 비용으로 가장 많은 호의를 끌어내는 방법이다.
>
> ● 그라시안

링컨이 얼마나 위대한 지도자인지 보여주는 일화가 있다.

1865년 남북전쟁이 북군의 승리로 막을 내렸다. 남군 사령관 리 장군은 전범으로 체포되리라 예상하고 항복 조인식에 나섰다. 서명만 마치고 나면 곧바로 수감되어 재판에 회부될 것이었다. 그런데 북군의 그랜트 장군은 조인식이 끝난 뒤에도 리 장군을 체포하지 않았다. 리 장군을 포함한 남군 병사들에게 '연방에 맞서 무기를 들지 않겠다'는 서약을 받은 뒤 고향으로 돌아가라고 했다. 무기도 압수하지 않았으며 말과 마차에 식량까지 실어주었다.

'패배자에게 모욕을 주어선 안 된다'는 링컨의 명령에 따른 것이었다. 진정한 승자는 어떤 포용력을 발휘하는지를 보여주는 대목이다. 그런데 이런 포용력은 리 장군의 현명한 결단이 끌어낸 측면도 있다.

아포마톡스에서 북군에 포위당했던 리 장군 휘하의 강경파 장교들은 결사항전을 주장했다. 일부는 부대 단위로 흩어져 비정규 전투를 벌이자고 아이디어를 냈다. 하지만 리 장군은 부하들의 더한 희생을 막기 위해서는 항복밖에 방법이 없다고 마음을 굳혔다.

"우리는 전쟁에서 졌다. 남부동맹이 패배했다는 사실을 인정해야 한다."

리 장군은 '연방에 맞서지 않겠다'는 서약을 지켰고 부하들에게도 그것을 어기지 말도록 명령을 내렸다.

> 어리석은 사람은 자신의 실력을 지나치게 믿고 다른 이의 호의를 무시한다. 반면 지혜로운 사람은 다른 이의 호의에 힘입어 부족한 재능과 능력을 보충한다. 우리는 다른 이의 호의를 통해 낙담할 때 격려를 받고, 마음이 흔들릴 때 조언을 얻으며, 난관에 부딪혔을 때에는 해결의 실마리를 선물 받는다.
> ● 그라시안

'귀사물엄歸師勿掩'이라는 고사성어가 있다. 돌아가는 군대에겐 적절한 퇴로를 열어줄 필요도 있다는 의미다. 하루 속히 집에 돌아가고 싶다는 염원으로 일치단결한 장수와 병사들을 잘못 건드렸다가는 죽기살기 일격을 당할 수도 있기 때문이다.

패배한 상대방에게 관용을 베푸는 것은 인간성의 차원이기도 하지만 승자 스스로를 위험으로부터 지켜내기 위한 발로이기도 하다.

지혜로운 승부사는 나의 승리가 상대의 불행으로 돌아가지 않도록 지혜롭게 처신한다. 싸움이 끝난 뒤에는 상대의 아픔을 치유하는 노력을 기울이는 동시에 상생과 공영을 위해 허심탄회하게 머리를 맞댄다. 그를 동료로 인정하지 않을 경우 응어리진 마음이 복수를 부를 것임을 알고 있다.

링컨 대통령과 리 장군은 서로를 인정했기에 지금까지도 미국 건설의 영웅으로 존경을 받는다. 진정한 승자는 패배를 진심으로 인정하는 패자가 있기에 만들어지는 것이기도 하다.

관계는 소통이라는 에너지로 움직인다. 소통은 너와 나의 마음이 서로 공명할 때 열린다. 우리는 그것을 '공감'이라 부른다. 이런 점에서 던바의 법칙을 '몇 명까지 친구가 될 수 있나'의 차원이 아닌, '나는 인간적으로 소통하는 20인의 친구에 얼마나 포함될 수 있을까'로 바꿔 생각하는 계기로 삼을 수도 있겠다.

안정이라는 신기루

14세기 초 칭기즈칸의 후예들이 몰락하자 몽골 제국이 사분오열 무너져내렸다. 뚜렷한 주도세력이 없는 가운데 전란이 50여 년간 이어졌다. 이때 몽골과 투르크의 피를 이어받은 티무르가 등장해 권력을 쥐고는 중앙아시아에서 러시아 남부와 지중해 연안을 포함해 인도 북부에 이르는 거대한 제국을 건설했다.

티무르는 젊었을 때에는 수차례 패배의 고배를 마셨으나 34세에 패권을 잡은 뒤로는 69세로 사망할 때까지 원정 전투를 벌이면서 패배를 기록한 적이 없다. 티무르의 승리 비결은 유목민 방식에 기초하고 있다. 유목민에게는 '안주安住'라는 개념이 없었다. 빠르게 움직이며 적이 대비하기도 전에 진격해 들어갔다. 티무르는 한곳에 머물면서 편히 쉰 적이 없다. 죽음마저 원정길에서 맞이했다.

그에게는 가장 두려운 위험이 '안정'이었을 것이다. 티무르의 군대에게도 안정이란 있을 수 없었다. 쉴 틈 없는 원정을 통해 담금질을 했고 큰 승리를 거둔 뒤에도 만족하며 눌러앉으려 하지 않았다.

> 야심이나 사랑처럼 강렬한 감정만이 모든 감정을 압도할 수 있다고 생각한다면 오산이다. 전혀 대단치 않게 보이던 귀찮음이 때론 모든 감정의 우두머리를 차지한다. 귀찮음은 삶의 중요한 야망과 실천을 침식해버린다. 인식하지 못하는 사이에 모든 열정과 미덕을 파괴하고 좀먹게 한다.
>
> ● 라 로슈푸코

티무르가 사람들을 움직인 힘은 이익이었다. 그를 강하게 만들어준 원천 또한 사람들의 욕심이었다. 티무르는 적국을 침공해 격파하고 나면 저항의 정도에 비례해 학살을 벌이고, 전리품을 무자비하게 약탈해 부하들의 공에 따라 나누어주었다.

티무르의 군대는 원정을 벌여 전리품을 챙기는 생활을 반복해야 했기에 한시도 긴장에서 벗어날 수 없었다. 전쟁은 거듭될수록 더 많은 욕심을 부추겼다. 이런 요인이 티무르를 강하게 만들어주었다.

티무르는 전쟁에서 이겨놓고도 통치하지 않았다. 정복지를 안정시켜 통치하는 일은 전투 이상의 꾸준한 노력과 관리를 필요로 하는데, 티무르로선 그런 것에 공연히 힘을 쏟다가 다른 곳에서 공격을 당해 무너질지도 모른다는 공포 또한 갖고 있었을 것이다. 이래저래 안정을 두려워할 수밖에 없는 구조였다.

유목민 방식이 승리의 비결이긴 했지만 그럼에도 정복지를 방치한 것은 일종의 '귀차니즘'이 아닐 수 없다. 티무르의 무력에 무릎 꿇었던 패배자들의 마음속은 분노와 복수심으로 타올랐고, 그들은 얼마 지나지 않아 성문을 닫아걸고 티무르에 맞섰다. 티무르는 이렇게 반기를 든 정복지의 경우, 안일했던 자기 잘못에 대한 대가마저 치르게 할 요량으로 훨씬 잔혹하게 보복했다.

> 나태에 한번 빠져들면 열렬했던 추구도, 확고했던 결심도 순식간에 중단된다. 나태란 영혼의 중독과 비슷하다. 잃어버린 모든 행복과 모든 손실을 잊어버리라고 유혹한다. 그리하여 나태는 그 어떤 큰 배라도 멈추게 할 수 있는 빨판상어와 같다. 암초나 폭풍보다도 위험한 잔잔함이다.
> ● 라 로슈푸코

'위대하다는 것은 평생 오해를 받으며 살아간다는 의미'라는 에머슨의 말처럼 위대한 사람은 좋은 쪽으로든 나쁜 쪽으로든 오해를 받기 마련이다.

중국 역사상 최고의 태평성대를 일컬어 '강건성세康乾盛世'라고 부른다. 1661년에 즉위한 청나라 강희제로부터 옹정제를 거쳐 건륭제에 이르는 130년을 이르는 말이다. 세 황제는 태평성대의 주역으로 칭송을 받지만 어질기만 한 통치자는 아니었다. 현실 정치는 이상과는 달라서 리더가 너무 착하면 따르는 사람들이 고생을 하기 마련이다. 리더는 착할 때도 있지만 그보다는 단호해야 할 필요가 있다.

물에 고고하게 떠 있는 백조가 밑으로는 끝없이 발을 놀리듯 강희와 옹정, 건륭 또한 쉼 없는 정치공작을 통해 태평성대를 이뤄냈다. 특히 옹정제는 '늑대의 근성'을 가진 황제로 평가된다. 그는 황제의 강력한 권력을 주창하며 남의 칼을 빌려 교묘하게 적을 제거하는 방식을 즐겨 썼다. 옹정제는 탁월한 현실 정치 감각을 가지고 있었는데 '남의 약점을 적극 활용하라'거나 '행동하기 전에 입지를 확보하라', '싸워야 할 때와 화해할 때를 구별하라' 등의 가르침을 전하며 강희제와 건륭제를 잇는 가교 역할을 톡톡히 했다.

성급해서 입은 피해보다 단호하지 못해 입은 피해가 훨씬 클 때가 있다. 전쟁에서는 움직일 때보다 가만히 있을 때 더 큰 피해를 입는 법이다.

다른 이가 등을 밀어주기만을 바라는 사람이 있는가 하면 민첩하게 움직여 곤란한 상황을 만들지 않는 사람이 있다.

뛰어난 판단력과 단호한 결단력을 겸비한 사람만이 뜻한 바를 이룬다. 이들은 언제나 말과 동시에 행동으로 옮기기 때문에 여유가 있고 자신감으로 충만하다.

● 그라시안

옛말에 이런 것이 있다. '군주는 자신이 바라는 것을 드러내서는 안 된다. 이를 드러내면 신하는 군주의 바람에 맞도록 꾸미려 들 것이다.' 신하는 군주를 어떻게든 안심시키려 할 것이며 군주는 모든 게 잘되고 있다는 안일함에 빠질 가능성이 높다는 의미다.

티무르와 옹정제를 비교해보면, 승리와 권력에 대한 강한 집착이란 점에선 많이 닮아 있다. 적을 배제하기 위해 온갖 책략을 마다하지 않는다. 이런 권력자들은 평화에 안주하는 법이 없다. 그들에게 평화란, 자기 자리를 노려 모반을 꿈꾸는 적들의 마음에 불확실성이라는 두려움을 심어주는 '무기만 빠진 전쟁'에 다름 아니다. 권력은 어차피 욕망과 두려움 사이에 존재한다.

하루하루를 전쟁처럼 살아가는 우리들 대부분은 끝없이 펼쳐진 사막에서 오아시스를 찾는 심정으로 안정된 삶, 평온한

생활을 갈구한다. 하지만 그토록 꿈꾸는 안정과 평화는 모래언덕 저편의 신기루일지도 모른다.

안정이란 갈등과 스트레스가 사라진 상태가 아니라, 삶의 무게와 그것을 짊어질 수 있는 능력 사이의 오묘한 균형일 수도 있다. 그렇다면 우리는 오늘도 흔들리는 걸음으로 그 미묘한 균형을 잡아가며 앞으로 나아가고 있는 것이다.

신뢰의 마중물

후배 하나가 누군가의 전화를 받고 나서 눈가가 벌게졌다. 서둘러 휴가를 내려 했으나 잔여 일수가 부족했다. 동료들이 "왜 그러느냐"고 묻는데도 대답을 미룬 채 허둥대기만 했다. 말이 없고 속을 알 수 없는 후배였다.

팀장이 그를 회의실로 데리고 들어가 대화를 나눴다. 그리고는 직권으로 휴가 처리를 해주었다.

후배에겐 말 못할 비밀이 있었다. '남다른' 아버지로 인해 그를 낳아준 어머니는 일찌감치 집을 나갔고, 두 번째 어머니는 사업을 한답시고 재산만 축내다가 이혼을 했다. 그를 키워준 이는 세 번째 어머니였다. 그분 역시 버림을 받았고 지방에서 요양 중이었는데 그날 아침에 돌아가셨다는 연락을 받은 것이다.

후배는 팀장의 설득에도 한참을 망설이다 어렵게 그 사실을 털어놓았고, 팀장은 키워준 어머니를 그가 편안히 보내드릴 수 있도록 휴가를 허락했다. 다음날 밤에는 동료들을 데리고 장례식장을 찾아주기도 했다.

> 다른 사람에 대한 신뢰는 그 대부분이 자기 자신에 대한 신뢰로부터 생겨난다.
> ● 라 로슈푸코

> 스스로를 믿는 사람은 자신의 약점을 극복할 줄 안다. 나아가 주위의 모든 것을, 심지어 운명의 별자리까지도 자신에게 유리한 쪽으로 움직인다.
> ● 그라시안

떳떳하지 못한 비밀이란 눈 뭉치기와도 같다. 그것을 숨기려다 자꾸 거짓말을 보태어 꾹꾹 뭉치게 된다. 그리하여 거짓말이 눈덩이처럼 불어난다. 자기 잘못이 아닌 가족 문제라 할지라도 다르지 않다. 남들이 어떻게 여길지 몰라 꼭꼭 숨기며 연민과 자기 비하에 사로잡힌다. 그래서 '본의 아닌 거짓말쟁이'가 탄생한다. 주변으로부터 '신뢰할 수 없는 사람'으로 낙인까지 찍힐 경우 대인관계에 어려움을 겪게 된다.

장례식장을 찾아준 팀장과 동료들을 보며 후배는 깨달았다. 고백할 타이밍을 놓치면 그 이후로는 거짓말의 악순환과 확대재생산 속에서 더욱 외롭고 힘겹게 지내야 한다는 것을.

다행히 후배는 스스로를 먼저 믿어주기로 했다. 어쨌거나 그는 아버지와는 다른 삶을 살아가고 있었다. 자기 삶에서 수치를 찾아내야 할 이유가 없었다.

하지만 세상을 향해 민낯을 드러낸다는 게 말처럼 쉬운 일은 아니어서, 이 정도면 꽤 가까워졌다 싶어 불쑥 비밀을 털어놓았다가 용수철처럼 뒤로 튕겨나가듯 멀어지는 일이 반복되곤 한다. 후배는 그 와중에도 자신을 온전하게 감당해줄 동반자가 어딘가 있을 거라는 희망을 놓지 않고 있다.

> 신뢰는 받는 사람을 기쁘게 한다. 그것은 상대에게 바치는, 또한 상대의 성의에 맡기는 공물이기도 하다. 그에게 나에 대한 일정의 권리를 주고, 원하는 대로 따르겠다는 약속인 것이다. 다만 신뢰에 한계를 두어 그 선을 깨끗하고 성실하게 지킬 필요가 있다.
> ● 라 로슈푸코

새로 부임한 상사로 인해 골머리를 앓은 적이 있다. 주변 사람들에게 조언을 구했으나 거의 모든 대답이 비슷했다.

"시간이 약이야."

곰곰이 생각해보고는 '방어 운전'을 하기로 결심했다. 언제 어디서 어떻게 튀어나올지 알 수 없는 상사의 스타일을 감안하면 여러 가지 가능성에 미리 대비한다는 것은 애당초 불가능했다.

그에 대한 기대 수준을 낮추고 웬만하면 초연해지기로 했다. 또한 그가 뚜렷한 기준 없이 공격하거나 침범해 들어올 때에는 부드럽게 선을 긋고 그의 자만심이나 수치심을 간접적으로라도 건드리지 않도록 조심하기로 했다.

방어 운전을 하기로 결심한 순간 게임이 시작되었다. 맞지 않는 상사와 일하면서도 스트레스는 덜 받고, 성과를 올리며 만족까지 얻어냄으로써 승리하는 게임 말이다. 그 상사 역시 묘한 성격에도 불구하고 20년이 넘는 세월을 견뎌낸 게임의 승자였다. 한동안 방어 운전을 하면서 조심했으나 추돌사고를 여러 번 일으켰고 그런 과정에서 상사가 어떤 사람인지 비로소 알게 되었다.

내용을 제대로 읽어보지도 않은 채 "핵심이 뭐야?" 하고 따지는 말투에 힌트가 있었다. 자기는 시간 낭비하기 싫다는 것. 그렇다고 다른 이의 시간을 소중하게 여기는 사람도 아니었다. 한마디로 자기 시간은 소중하지만 남의 시간은 신경 안 쓴다는, 신뢰의 기본을 지키지 않으면서 남에게는 타이트하게 요구하는 스타일이었다. 그런 사람이 자신과 똑같은 후배를 만났으니 정면충돌을 일으키지 않을 수 없었다.

같은 사람이기에 안 맞았고 서로를 믿을 수 없었던 것이다. 하지만 어떤 사람인지 이해하고 나면 자연스레 방법이 생기기 마련이다.

> 사람들은 남의 잘못을 말하며 비난받을 만한 것이라고 생각하지만 그것이 자기 자신의 그림자라고는 생각하지 않는다. 만일 우리가 남을 통해 자신의 과오를 돌이켜볼 용기를 가지고 있다면 단점을 고치기가 얼마나 쉽겠는가.
> ● 라 브뤼예르

불교에서는 8만 4천 가지 인간의 고통을 8개로 압축했다. 그 가운데 4개가 생로병사生老病死이고, 나머지 4개 가운데 하나가 원증회고怨憎會苦다. 원증회고란 '싫은 이를 만나는 괴로움'을 의미한다.

그해 연말을 맞이해 원증회고의 대상이던 상사에게 이메일로 연하장을 보냈다. 당신을 이해하며 미워하지 않는다는 마음을 은유적으로라도 전하고 싶었다. 이메일 연하장에 이렇게 썼다. '그동안 혼내주신 덕분에 많이 배울 수 있었습니다. 감사드립니다. 내년에도 많이 가르쳐주세요.'

연하장이 마법을 일으켰는지, 상사가 새해를 맞이해 변화를 결심했는지는 확인할 방법이 없다. 상사는 그 이후 조금씩 친절해졌고, 가끔은 일을 제대로 해내지 못해도 매듭지을 때까지 믿고 기다려주기도 했다. 많이 친해지지는 못했으나 '믿을 만한 후배' 정도로는 여겨지게 되었다.

비밀을 갖고 있던 후배와 방어 운전이 필요했던 상사를 통해 배운 교훈은 같은 곳을 향해 있다. 신뢰받기를 원한다면 먼저 기꺼이 주어야 한다는 것이다.

어떻게 서로를 길들일 것인가

 누군가와 새로 인연을 맺었다는 것은 또 하나의 규칙을 만들어야 함을 의미한다. 얼마만큼 접근하고, 어떤 신호로 소통하며, 물러나 있을 때와 다가갈 때가 언제인지를 알아가는 시행착오 끝에 '너와 나'만의 규칙이 만들어진다. 친한 사이일수록 더 심도 있는 규칙이 필요하며 그 과정에서 부득이하게 신경전을 치르기도 한다.

 물론 규칙은 불변이 아니다. 상황에 따라 유연하게 바뀌며 관계의 심도에 맞춰 진화한다. 상대의 생각과 감정이 나와 같지 않기에 서로를 보호하기 위해 규칙이 필요하다. 상대가 나의 허용 범위를 넘어 지나치게 다가서거나 나 역시 상대에게 환상을 품지 않으려면 규칙을 통한 관계의 선 긋기가 반드시 필요한 것이다.

적응이 지나칠 정도로 빠른 사람들이 있다. 호의를 베풀면 기뻐하는 것도 잠깐, 금방 적응하고는 당연하게 받아들인다. 그러다가 기대 수준에 못 미치면 권리를 빼앗겼다며 분노에 치를 떤다. 타인의 호의를 자신의 정당한 권리로 흡수해버린 것이다.

우리는 '좋은 사람'이기 위해 규칙을 조정해 그의 기대 수준에 맞춰주다가, 감당할 수 없는 지경에 이르렀을 때에야 관계의 파탄을 선언하는 경우가 종종 있다. 그 과정에서 상처를 주고받는다.

> 우리는 가장 빨리 잊어야 할 일을 가장 오래 기억한다. 기억은 언제나 우리의 의지를 배신해, 고통스러웠던 일은 또렷하게 생각나는데 즐거웠던 일은 좀처럼 떠오르지 않는다.
> 골치 아픈 기억을 치유하는 최고의 약은 망각이다. 하지만 아이러니하게도 우리는 망각이라는 뛰어난 약을 망각한 채 살아간다.
> ● 그라시안

좋은 사람과 어울리다가 힘들어지는 경우도 있다.

A는 B의 배려와 희생에 반해 사랑에 빠졌다. 청하지 않았는

데도 금방 알아채고는 손길을 내미는 B의 눈썰미에 A는 여러 차례 감동을 받았다. 하지만 그것도 한두 번이지, 일방적으로 받다보면 부담스러워지는 게 당연하다. A가 B의 넘치는 배려를 사양하려고 손사래를 치자 무언의 압박이 전해졌다.

그렇게 원하는 대로 들어주다가 B의 페이스에 말려들었다. B는 자기가 잘해주니까 자기 말대로 따라주어야 한다고 믿었다. 바라는 방향으로 해주지 않으면 그 상황을 참지 못했고 집요하게 설득과 회유를 해서라도 의지를 관철시켰다.

어느 순간에 이르러 A는 B가 좋은 사람이 아니라, 다만 좋은 사람인 척하고 있을 뿐이라는 사실을 깨달았다.

다른 이에게 베풀어야 한다는 강박에 사로잡혀 집착하고 깊이 개입하는 것을 '백기사 신드롬 White knight syndrome'이라고 부른다. 얼핏 보기에는 순수한 마음으로 도우려는 것처럼 보이지만 상대에게 지나치게 개입해 '이기적인 목적'을 이루려고 한다. 상대를 장악해 통제하고 조종하려는 것이다. 상대를 독차지하는 것, 그것을 관심과 사랑이라고 믿는다.

심리학자들은 자존감이 떨어져 열등감에 사로잡혔을 때 주변에 대한 강렬한 조종 욕구가 일어나며, 영향력을 행사함으로써 바닥에 떨어진 자존감을 보상받으려는 심리가 작용한다고 분석한다.

이런 사람이 즐겨 사용하는 수단이 '죄책감 마케팅'이다. 상처받은 모습을 과장하거나 슬픔에 잠긴 표정으로 상대의 죄책감을 자극하는 것이다. '마케팅'임을 알아도 벗어나기는 쉽지 않다. 나쁜 사람 되기 싫어서 결혼까지 했다가 하루하루를 보람 없이 살아가는 사람들의 모습을 주변에서 어렵지 않게 발견할 수 있다.

> 어떤 사람들은 '불멸의 고뇌'라는 영광을 동경해 비탄에 빠진다. '시간'이 고통을 희미하게 만들어줬는데도 여전히 눈물이나 한숨, 불평을 끈질기게 보여주지 않고서는 못 배기는 것이다. 슬픈 역할을 도맡아 온갖 제스처로 연기를 하며, 자신의 아픔이야말로 죽기 전에는 사라지지 않을 것이라고 호소한다.
> ● 라 로슈푸코

타인과 교류하며 관계를 만들어간다는 것은 '길들인다'와 통하는 의미이기도 하다. 상대가 자기 뜻대로 해주지 않는 것을 참지 못하는 사람, 관심과 사랑 또한 아침의 치약처럼 짜내면 된다고 믿는 사람들에게 생 텍쥐페리의 『어린 왕자』가 여우와의 대화를 통해 힌트를 준다.

"길들인다는 게 뭐지?"
"그건 관계를 맺는다는 뜻이야. 넌 나에게 아직은 수많은 다른 어린아이들과 조금도 다를 바 없는 한 아이에 지나지 않아. 그래서 나는 널 별로 필요로 하지 않아. 너 역시 날 필요로 하지 않고. 하지만 네가 나를 길들인다면 우리는 서로를 필요로 하게 될 거야. 너는 내게 이 세상에서 하나밖에 없는 존재가 되는 거야. 난 네게 이 세상에서 하나밖에 없는 존재가 될 거고. 부탁이야, 나를 길들여줘."

"어떻게 하면 되는 건데?"

"아주 참을성이 많아야 해."

오랜 시간 동안 정성을 쏟아야 비로소 '서로에게 하나밖에 없는 존재'가 될 수 있다는 얘기다. 상대가 길들기를 기다리면서 나 또한 길들여진다. 다가서기와 물러서기의 반복을 통해 경험이 쌓이고 규칙이 만들어진다. 한쪽이 다른 쪽을 일방적으로 길들이는 게 아니다.

좋은 사람은 참을성 있게 기다리며 상호주의 규칙을 만든다. 반면 좋은 사람인 척하는 사람은 참을성의 바닥이 곧 드러난다. 일방적으로 상대를 길들이려 한다.

> 타인에 대해서 자신을 속이는 행위에 너무나 익숙해진 나머지, 드디어는 자신에게마저 자기를 속이는 지경에 이른다.
> ● 라 로슈푸코

베푼 만큼 돌려받기는커녕 호의를 이용당하고 말았다는 실망과 좌절로 인해 상처받을 때가 있다. 품었던 좋은 마음을 배신당한 게 슬프고 분노가 치민다.

그러나 돌이켜보면 상대와의 거리에서 이전부터 불편함이 느껴졌던 경우가 많다. 상대를 위하기보다는 나 스스로의 자존감과 효용감을 위해 '이기적 이타심'을 발휘한 것이다. 이런 심리가 상대에게 강한 집착으로 달라붙으면 '백기사 신드롬'이 된다.

내가 좋은 사람임을 인정받으려고 남이 심어놓은 고추밭에 함부로 들어갈 필요가 없다. 고추가 매운 맛을 내는 것은 캡사이신이라는 성분 때문이다. 고추는 스스로를 초식동물들로부터 지켜내기 위해 캡사이신을 만들어낸다.

맵다면서 남의 고추밭을 망쳐놓는 순간, 좋은 사람인 척만 해왔다는 본모습이 드러난다. 그러니, 참을성을 갖고 상대가 고추밭 사이로 길을 내어줄 때까지 기다리는 게 가장 좋은 선택이다. 어쩌면 이 같은 참을성과 규칙이 나를 더 좋은 사람으로 나날이 길들여주고 있는 것인지도 모르겠다.

물은 아래로 흐르고, 만족은 겸허한 마음에 고인다

　인터넷에 올라온 글들을 읽고 깊이 감화된 나머지, 모임에만 나오면 참석자들을 준엄하게 꾸짖는 사람이 있다. 그는 혼자만 진실을 알고 다른 이들은 모두 무지몽매하다고 믿는다. 남들은 고사하고 자기 자신조차 제대로 알지 못하는 이런 증상을 우리는 '오만'이라고 부른다.

　오만에 빠지면 가장 먼저 나타나는 증상이 현실감각 상실이다. 있는 그대로 보지 않고 자기 편한 대로 단정 지으려 한다. 임의로 둘러친 환상의 울타리 안에 들어앉아 자기 한계를 돌파하기 위해 남들을 부정하려 애쓴다.

　오만함은 자괴감과 밀접하게 연결되어 있다. 자신감이 넘쳐

오만해지기보다는 자괴감을 감추려 어깨에 힘을 주다보니 오만해질 때가 많다. 겸손이 자신감에서 나오는 것이나 유사한 맥락이다.

『사기史記』의 '편작열전扁鵲列傳'을 보면 어떠한 명의도 고칠 수 없는 6가지 불치병이 나오는데 그중 으뜸인 일불치—不治가 '오만하고 방자하여 내 병은 내가 안다고 주장하는 환자'다.

> 별로 아는 것이 없는 인간은, 방금 자기가 배운 것을 타인에게 가르쳐줘야 한다고 생각한다. 그러나 아는 게 많은 사람은 자기가 말하는 것을 남들은 모른다는 사실을 생각하지 못한다. 그래서 별일 아닌 듯 자연스럽게 이야기한다.
>
> ● 라 브뤼예르

일본 전국시대의 무장 오다 노부나가는 100년 이상 지속된 내전에서 패권을 장악해 일본 통일의 초석을 다진 인물이다. 그는 폼 나는 장군이었다. 커다란 체구에 기차 화통만 한 목소리를 가졌으며 무예를 숭상하고 자비를 베푸는 것을 좋아했다. 명예를 중시하면서도 오만하기 그지없어 자기 이외의 다른 장군들에 대해선 경멸을 드러내기 일쑤였다.

하지만 그는 최강자였음에도 불구하고 대업을 이루는 데는 실패했다. 어이없게도 가신家臣의 반역으로 수세에 몰리자 자결하고 말았다.

그의 뒤를 이어 대업을 이룬 사람은 우리가 익히 아는 도요토미 히데요시다. 그는 오다 노부나가의 휘하에서 겨울철에 신발을 품는 역할을 맡았다가 발탁되어 차근차근 성공의 길을 걸었다. 혼란의 시대, 불같은 성질의 장군 밑에서 뜻을 펴기 위해선 가장 중요한 자질이 '분위기 파악', 즉 눈치다. 뱃속에 품은 뜻은 숨기고 납작 엎드려 기지를 발휘하며 때를 기다리는 것이다.

최후의 승자는 도쿠가와 이에야스였다. 그는 인질로 어린 시절을 보냈으며 권력자 오다 노부나가의 오해를 사는 바람에 자신의 아내와 아들을 죽여야만 했던 참담함을 겪은 인물이다. 오다 노부나가의 죽음 이후에는 도요토미 히데요시에게 압도당해 인고의 세월을 보내야 했다. 그러다가 마침내 뜻을 이뤘다.

> 겸손은 때로는 거짓 복종을 의미한다. 일단 밑으로 들어갔다가 훗날 상대의 머리 꼭대기에 올라앉겠다는 계략을 품고 있다. 자존심은 천태만상 자유자재로 변화가 가능한데, 겸손이라는 탈을 쓸 때만큼 멋지게 사람을 속일 때가 없다.
> ● 라 로슈푸코

겸손은 '괜찮은 사람'으로 인정받기 위해서도 필요하지만, 살아남기 위해 반드시 취해야 할 태도이자 전략이기도 하다.

무협지에서 하수는 늘 체면을 구긴다. 자기 수준이 낮기에 다른 이는 형편없을 것이라고 짐작해 아무한테나 시비를 걸고 행패를 부린다. 그러다 임자를 만난다.

내공이 깊은 고수는 겉으로는 티가 나지 않는다. 고수는 그래서 마음속에 늘 불안감을 가지고 있다. 자기가 고수이므로 어디서든 필적할 만한 고수를 만날 수 있다는 가능성을 염두에 둔다. 또한 대단한 고수라도 혼자 힘으로는 수많은 적을 당해 낼 수가 없다. 세상 사람들이 등을 돌리면 제 아무리 고수라도 벼랑 끝에 몰린다.

현실 세계에서도 돋보이는 위치에 있다면, 르상티망ressentiment을 자극하지 않기 위해서라도 겸손을 바위에 새기듯 태도로 익힐 필요가 있다. 체화되지 않은 거짓 겸손은 더한 반발을 부를 수 있다. 사람들이 악보다 위선을 더욱 미워하는 것과도 통한다.

'르상티망'은 승자에 대한 대중의 적개심이라는 뜻으로 철학자 니체가 썼던 말이다. 물리적으로는 패배했지만 정신적으로는 자신이 더 우월하다는 약자의 자기 정당화가 밑바탕에 깔려 있어 언제라도 대중적 분노로 분출될 가능성이 있다.

> 지혜로운 사람은 재능을 갈고닦기 위해 노력하는 만큼 그것을 감추기 위해서도 노력해야 한다. 하지만 지나치게 겸손한 척하다가 오히려 더 잘난

척하는 꼴이 되지는 말아야 한다. 정작 자신은 무심한데 다른 사람들이 그의 재능을 존경할 때 비로소 능력과 인품을 겸비한 사람이라는 평가를 얻을 수 있다.

● 그라시안

겸손은 나의 지속적인 발전 가능성을 스스로 차단하지 않으려는 실리적 선택이기도 하다. 공부든 운동이든 성과든 마찬가지다. 마음의 힘(집착)을 빼는 게 지혜이고, 몸의 힘을 빼는 게 성취다. 열심히 했는데도 결과가 시원치 않은 것은 십중팔구 힘이 지나치게 들어갔기 때문이다.

스스로를 약자라 여기는 사람일수록 '지나친 노력'을 위해 기꺼이 여유를 희생하는 버릇이 있다. 하지만 여유는 힘을 빼기 위해서도 필요하다. 잘 갈아놓은 밭에서 새싹이 돋아나듯 힘을 빼고 유연해질 때 비로소 '나의 한계'를 뚫고 싹이 자랄 수 있다. 그래야 두려움과 집착을 내려놓고 남들을 의식하지 않는 나만의 삶을 뚜벅뚜벅 걸어갈 수 있다.

겸손은 사람을 끌어당기는 매력이다. 사람들은 같은 위치에서 서로 믿고 의지할 수 있는 이에게 끌리게 되어 있다. 스스로 약자의 처지에 서서 아쉬움을 경험했던 사람이 강자가 된 뒤에도 주변을 살피며 마음을 나눌 수 있다.

『주역周易』은 한 번 겸손하면 네 가지 이익을 얻는다고 설명한다.

"하늘의 도는 가득 채운 자에게서 덜어내어 겸손한 자에게 더하고, 땅의 도는 가득 찬 것을 바꾸어 겸손한 곳으로 흐르게 하며, 귀신은 가득 채운 자를 해치고 겸손한 자에게 복을 주고, 사람의 도는 가득 찬 것을 싫어하며 겸손한 자를 좋아한다."

큰 도량이라는 것은 자존심의 눈물겨운 노력이 주는 선물이다. 이 노력에 의해 인간은 자기 자신을 억제하고 마침내는 모든 것을 지배하기에 이른다.

● 라 로슈푸코

이성적 판단력이 인생을 지켜준다

눈덩이가 구르면 구를수록 커지는 것처럼, 작은 원인이 점점 큰 반응과 결과로 이어지는 현상을 '스노우볼링snowballing 효과' 라고 한다.

스트레스에도 스노우볼링 효과가 있다.

한 직장인이 사소한 실수로 인해 회사 선배로부터 언짢은 말을 들었다. 굳이 표현하자면 강도 10 정도의 스트레스다. 그런데 그는 모면한답시고 핑계를 댔다가 선배의 상한 기분을 자극하는 바람에 혼쭐이 나고 말았다. 스트레스 강도 30.

잠시 후 선배가 그를 다시 불러 자료의 미비점을 보완하라고 했다. 그런데 그의 입장에서는 트집처럼 보였다. 스트레 강도 70.

"그러겠다"며 자리로 돌아왔으나 속이 부글부글 끓었다. 선배가 예전부터 자신에 대해 좋지 않은 감정을 갖고 있는 것 같았다. 그런 느낌을 받았던 일들이 차례로 생각났다. 스트레스 강도가 150으로 치솟았다. 전문가들에 따르면 스트레스는 사건-인식-반응-증상의 순으로 전개된다. 처음 선배의 언짢은 말은 10 정도였지만 그의 인식과 반응을 통해 150 수준으로 높아졌다.

집에 돌아온 그는 분한 마음에 잠을 이루지 못했다. 가슴이 두근거리고 열이 올라 누웠다 앉았다를 되풀이하다 새벽에야 잠시 눈을 붙일 수 있었다. 스트레스 강도로 표현하면 300 수준, 마지막 단계인 '증상'이다.

> 평소에는 관대한 사람이라도 격정에 휘둘릴 때가 있다. 격정에 사로잡히면 이성과 판단력이 흐려지고 함부로 내뱉은 말이 입에서 입으로 전해져 명성이 위태로워진다. 그러나 지혜로운 사람은 자신을 철저하게 다스림으로써 상황에 따라 변한다는 말을 듣지 않는다.
> ● 그라시안

그의 스트레스는 그야말로 눈덩이처럼 굴러 불어났다. 그런데 그중에서 선배가 눈덩이를 키운 부분은 크지 않다. 엄밀하게 보면 스스로가 증폭시켜 키운 부분이 더 많다. 만일 그가 선배의 핀잔에 적당히 반응했다면 10 수준에서 상황이 종료되었을 것이다. 하지만 굳이 핑계를 대고 맞서는 바람에 갈등을 키웠고, 자료 미비점 보완 지시를 계기로 예전에 있었던 온갖 일들까지 끄집어내어 재해석함으로써 스트레스를 스노우볼링했다.

설혹 선배의 꾸중에 억울한 마음이 들더라도 '회피 또는 분노'를 선택하기보다는 잠깐 숨을 고를 여유 정도는 가질 수 있었다. 몇 초라도 생각했다면 모면용 핑계를 대봐야 소용없을 거란 결론에 도달했을 것이다. 분노가 치밀더라도 지나가기를 기다렸을 것이다. 그러나 그는 첫 단추를 잘못 채운 채 분노의 눈덩이를 굴렸고, 그 탓을 선배에게 돌림으로써 회사 내에 '두려운 적' 한 명을 만들고 말았다.

> 야유를 당하고도 반박할 만한 재치가 없는 사람이나, 아픈 데를 찔리고도 얼굴만 붉히는 사람은 용납할 수 없는 패배를 당한 것처럼 불끈 화를 내기 마련이다.
>
> ● 라 로슈푸코

사회에 나오자마자 승승장구하던 한 무리의 친구들이 있다. 뛰어난 실력으로 좋은 직장에서 쾌조의 스타트를 끊었다. 탁월한 성과를 냈고 가끔 실패도 해가면서 이력을 쌓아갔다. 하지만 거기까지였다. 동계올림픽 종목인 컬링에서 스위핑(비로 얼음 면을 쓰는 일)을 부리나케 하던 선수가 얼이 빠져 멈춰 선 것처럼 더 이상의 노력을 놓아버렸다. 손에서 책을 놓은 지 오래되었고 타성에 젖은 직장인이 되었다. 먹고 살기도 바쁘다는 핑계로 게으름을 합리화하며, 자기 삶의 내용을 새로 채우는 부지런함으로부터 도피했다.

에너지가 고갈된 이후에는 사회 초년생 시절의 열정을 내면에서 새로이 끌어내야 함을 친구들도 안다. 하지만 동력을 잃어버린 그들은 조직 속에서 안주하며 적당한 수사修辭와 줄 서기로 방향을 틀었고, 성장을 멈춘 재능은 그다지 특별할 게 없어 얼마든지 다른 것으로 바꿔 끼울 수 있는 부품으로 전락하고 말았다. 더 이상의 성장 가능성과 차별성을 잃어버린 뒤로는 야속한 회사를 탓하고 가까운 이들을 원망한다.

파울로 코엘료는 『11분』에서 이렇게 지적한다.

"꿈꾸는 것은 아주 편한 일이다. 그 꿈을 이루지 않아도 된다면. 우리는 힘든 순간들을 그렇게 꿈을 꾸면서 넘긴다. 꿈을 실현하는 데 따르는 위험과 꿈을 실현하지 못하는 데서 오는 욕구불만 사이에서 망설이며 세월을 보낸다. 그리고 나이가 들면 다른 사람들을, 특히 부모와 배우자와 자식을 탓한다. 우리의 꿈을, 욕망을 실행에 옮기지 못하게 가로막은 죄인으로 삼는 것이다."

실컷 게으름을 피운 자일수록 다른 이를 서둘러 족치는 법이다. 그렇게 함으로써 자기는 부지런한 듯이 보이려고 한다.

● 라 로슈푸코

희망에조차 고문당하면서 스스로를 달달 볶아야 살아남는 세상이라고 한다. '내가 안 되는 건, 열심히 안 해서 그런 거야' 하는 식으로 말이다. 하지만 그렇게 스스로를 탓하며 악착같이 달려든다고 일이 풀리는 것은 아니다.

반대로 눈앞의 당면 과제를 적당히 땜질하다가 생각대로 진행되지 않을 경우 탓할 대상을 외부에서 찾는 것 역시 쓸 만한 태도가 아니다.

안타까운 친구들 소식을 접할 때마다 절제가 필요하다는 것을 절감한다. 절제를 알면 수치스럽거나 분노할 일을 확연히 줄일 수 있지 않을까. 절제라고 해서 수도사처럼 거룩한 인내가 필요한 것도 아니다. 그저 남의 탓 하지 않고 내 책임을 어깨에 걸머질 수 있는 정도라면 적당하겠다.

내가 굴리지 않는 이상, 좌절과 분노와 남 탓의 눈덩이는 불어나지 않을 것이다. 그런 눈덩이를 뭉치고 굴릴 시간에 아주 작은 성취의 구슬을 챙겨 만족이라는 실에 꿰는 게 훨씬 현명한 선택이다.

어떤 삶을 살 것인가

절묘한 역전극의 주인공을 볼 때면 생각하곤 했다. 나는 왜 저런 인생을 살지 못하는 것일까.

평범한 인생이라는 현실을 견디기 힘들었다. 평범함이 비루함 또는 열등함으로 오인되는 시대인 만큼 혼자만 고립된 듯한 소외감이 슬픔과 분노를 동반했다. 물론 인생은 쇼가 아니며 '못 먹어도 고' 같은 배짱은 고스톱 판에서나 통한다. 현실의 삶은 지루하고 재미없는 그만그만한 일상의 반복이다.

그럼에도 기대를 버리지 못한다. 평범한 사람들에겐 쉽게 주어지지 않는 기회의 열쇠가 있을 것만 같다. 그 열쇠만 있다면 다른 세상으로 향하는 비밀의 문을 활짝 열어젖힐 수 있을 것이다. 영화 〈매트릭스〉의 빨간 약 혹은 파란 약 같은 게 있어서 답답한 현실의 벽을 무너뜨리고 그 속의 진실을 볼 수 있지 않을까. 비록 환상일지라도 그런 기회를 만나 '불행 끝 행복 시작'이라는 리셋 버튼을 누르고 싶었다.

> 어떤 시인은 연극에서 웅장하고 고상하며, 위대한 감정으로 가득 차 있는 것처럼 보이는, 화려한 시구를 길게 늘어놓는 경향이 있다. 관중은 이해하기 어려울수록 더욱 그것을 찬미한다. 고함을 치고 박수갈채를 보낼 정도로 흥분한다.
> 어린 시절, 나는 그런 부분은 연기자나 관객들이 분명하게 이해했을 거라고 생각했다. 극작가 자신은 두말할 필요 없이 가장 잘 알고 있을 거라고 믿었다. 반면 세심한 주의를 기울여 읽어도 이해가 가지 않는 것은 나의 잘못이라고 생각했었다. 하지만 지금의 나는 그런 착각에서 깨어나 있다.
> ● 라 브뤼예르

고대 로마인들은 전쟁 같은 국가적 위기가 닥치면 야누스 신전의 문을 열었고, 그것이 물러간 후에는 문을 닫아 평화를 자축했다. 그런데 야누스는 두 얼굴을 갖고 있었다. 야누스는 'January(1월)'의 어원이기도 하다.

행복과 불행 역시 야누스적인 속성을 갖고 있다. 둘은 언제나 한 몸체다. 따라서 '불행 끝 행복 시작' 같은 건 없으며 행복

속에 불행이, 불행 속에 행복이 있다.

세상 또한 그렇다. 봉우리와 등성이가 높은 만큼 골짜기는 깊고 음침하며 길다. 골짜기가 깊으면 많은 양의 물을 머금기 마련이다. 사랑을 받으면 그만큼 다른 누군가에게는 미움을 받아야 한다. 모든 이의 사랑을 한몸에 받을 수는 없다.

유익한 것과, 그 반대의 것이 한 몸체에 두 얼굴을 갖고 있기에 까닥 중심을 잃었다가는 최고의 행복이 최악의 불행으로 바뀌고 희망이 곧 절망이 된다.

다만 기우뚱했다가도 우리의 의지와 지혜가 곧바로 균형을 회복하기에 삶의 두 얼굴 사이를, 살얼음 위를 걷듯 조심조심 살아가고 있는 것뿐이다. 그러다가도 맹목적인 욕망에 사로잡혀 곤두박질치고는 돌이킬 수 없는 상처를 입을 때도 있다.

> 우리는 행복해지기보다는 행복하다는 것을 주위 사람들에게 알리고 그렇게 믿어달라고 하는 데 더 많은 신경을 쓴다.
> ● 라 로슈푸코

상처나 결핍 또한 두 얼굴을 가지고 있다. 씻기 어려운 트라우마로 남아 끝없이 불안해하며 마음속에 깊은 우물을 판다. 동시에 그만큼 아팠기에 그것을 뛰어넘으려 고통을 무릅써가며 질주한다. 놀라운 에너지원이 되기도 하는 것이다.

현재의 성취를 과거의 상처나 결핍의 결과로 해석하면 또 다른 포인트를 발견할 수 있다. 비루하던 시절의 상처를 누군가가 건드리는 바람에 기분이 나빴다면, 그것은 내 노력이 헛되지 않아 지금 잘 살아가고 있음을 시기 받고 있는 것이기도 하다.

상처나 결핍의 근본적 해소는 바깥으로 향해 있던 시선을 자신에게로 돌리는 것으로 가능하다. 외롭게 스스로와 마주서서 가장 먼저 자신에게서 인정을 받는 것이다.

프랑스의 지성 자크 아탈리는 저서 『살아남기 위하여』에서 이렇게 말한다.

"우선 제대로 살고 싶다는 욕망을 가져야 한다. 그러려면 자신에 대해 충분히 의식하고 자신의 운명에 대해 중요성을 부여하며 자신을 부끄러워하거나 증오해서는 안 된다. (중략) 남에게 아무것도 기대하지 말고 자신에 대해 정확히 정의내리기 위해 자신에게만 의지해야 한다."

> 내 안에서 마음의 평온함을 찾아내지 못한다면, 다른 데서 찾으려 해도 헛수고일 뿐이다.
> ● 라 로슈푸코

영화 〈매트릭스〉의 빨간 약과 파란 약 알레고리를 내게 적용하면 어찌 됐든 선택할 수 있는 것은 현실뿐이다. 이미 지나가버린 일들에 집착해봐야 소용이 없다. 그런데도 나는 왜 어찌할 수 없는 과거의 일을 가지고 끝없이 괴로워하는 것인가.

하지만 지나온 길을 되짚어보다가 깨달았다. 진정한 성장의 한 걸음을 내딛는 것은 무엇인가를 얻을 때가 아니라, 집착했던 것을 포기하는 순간이라는 것을.

포기란 '받아들임'을 뜻한다. 지금의 내가, 비록 과거에 바랐던 내가 아닐지라도, 어찌됐든 나일 수밖에 없음을 인정하는 것. 1등이 아니고, 대기업 직원이 아니고, 고시 합격자가 아니어도 내가 나일 수 있는 것 말이다. 그것을 인정하는 순간 내면에 포기를 딛고 일어서는 힘이 생긴다. 그리하여 다른 뭔가를 위한 또 다른 출발점이 된다.

많은 것을 포기함으로써 잘 살아왔는데도 그것을 까맣게 잊고 있었다. 나로선 어찌할 수 없는 것을 포기했고, 남들이 걸어가는 '다른 길'을 포기했다. 발목 잡는 이를 설득하려는 노력을 포기했다. 남에 대한 쓸데없는 의존을 포기함으로써 자유로워졌다.

많은 선배들이 힘주어 말했다. '포기조차 포기하지 말라'고. 그러나 삶은 때로는 포기를 진정한 시작으로 삼을 때가 있다. 포기하고 수용해 다른 길을 모색함으로써 비로소 출발할 수도 있는 것이다. 진정으로 중요한 것의 출발 말이다.

얻고자 하는 욕구가 사라지는 순간 상실의 두려움이 생겨난다. 더 이상 갖고 싶은 것이 없으면 가진 것을 잃어버릴까 두려워하게 된다. 행복이 불행으로 바뀌는 것이다. 그러니 원하는 것을 모두 소유하려 들지 말고 어느 정도 남겨두어라. 우리의 육체에 휴식이 필요하듯 정신에도 열망하는 대상이 있어야 한다.

● 그라시안

따지고 보면, 세상에서 가장 강한 사람은 아쉬운 게 아주 조금 있는 사람이다. 자기 욕심과 남의 관심 혹은 인정에 크게 연연하지 않으며 일희일비하지 않기 때문에 사랑과 미움의 양가 감정 사이에서 고통 받을 이유가 없다. 명예나 위신에도 초연할 수 있다. 많은 것을 두루 가지고도 남의 새로운 것을 보면 피가 끓어오르는 사람은 이런 점에선 약자 중의 약자다.

유머 감각이 탁월한 선배가 대개는 아쉬울 게 별로 없는 부류다. 몸과 말에서 힘을 빼 유연하기에 사뿐사뿐 걸으며 자기 인생을 산다. 이런 선배들은 이른바 '대은大隱'이다. 예로부터 자유분방을 추구하려면 세속이나 명리를 벗어나 숨을 수밖에 없다고 봤는데 어느 정도로 스스로를 숨길 수 있느냐에 따라 대중소大中小로 분류했다.

전원에 파묻히는 것을 소은小隱이라고 했으며 속세에 머물며 거리를 두는 것을 중은中隱이라고 했다. 이에 비해 암투가 치열한 속세에서도 자기 빛을 감추고 티끌 속에 섞이는 화광동진和光同塵의 경지를 대은大隱으로 봤다.

대은의 여유와 융통성은 남의 성공이나 실패 기준이 아닌 '나는 내 인생을 살고 있다'는 관점에서 출발한다. 여유와 융통성은 창조로 이어진다. 낯선 것을 창조해낸다는 의미는, 남들이 안 하려는 것을 시도하고, 남들의 질서를 뛰어넘어 감행하며, 마침내 남들이 생각하는 경계를 허물었음을 의미한다.

이런 공헌을 통해 우리는 많은 이에게 필요한 사람으로 우뚝 선다. 유머 감각과 자신감으로 주변 사람들과 공감하며 소통하고 용기를 나누어준다.

하지만 그것으로도 여전히 부족하다. 더욱 중요한 사명이 있기 때문이다.

스스로에게, 또한 사랑하는 이에게, 그리고 곁에 있는 사람들에게 그 무엇과도 바꿀 수 없는 소중한 사람이 되는 것 말이다. 우리 모두는 이 세상에 없어서는 안 될, 꼭 필요한 사람이다.

> 아름답고 풍요로운 삶을 위해 인생 1막은 죽은 사람들과 대화를 즐겨라. 고전에 힘입어 우리는 더 깊이 있고 참다운 인간이 된다.
>
> 인생 2막은 살아 있는 사람들과 어울리며 세상의 좋은 것들을 즐겨라. 조물주는 우리 모두에게 재능을 골고루 나누어주었고, 때로는 탁월한 재능을 평범한 사람들에게 주었다. 그들에게서 다양한 지식을 얻어라.

인생 3막은 오로지 자신만을 위해서 보내라. 행복한 철학자가 되는 것만큼 좋은 인생은 없다.

● 그라시안

필요한 사람인가

초판 1쇄발행 2015년 4월 7일 초판 7쇄발행 2015년 8월 4일

원저 발타자르 그라시안, 라 로슈푸코, 라 브뤼예르
엮은이 한상복
펴낸이 연준혁
기획 스토리로직

출판 1분사
책임편집 최혜진
디자인 이세호
일러스트레이션 이강훈

펴낸곳 (주)위즈덤하우스 출판등록 2000년 5월 23일 제13-1071호
주소 경기도 고양시 일산동구 정발산로 43-20 센트럴프라자 6층
전화 031)936-4000 팩스 031)903-3893 홈페이지 www.wisdomhouse.co.kr

값 13,000원
ISBN 978-89-6086-801-4 13320

* 잘못된 책은 바꿔드립니다.
* 이 책의 전부 또는 일부 내용을 재사용하려면 반드시
  사전에 저작권자와 (주)위즈덤하우스의 동의를 받아야 합니다.

국립중앙도서관 출판시도서목록(CIP)

> 필요한 사람인가 / 원저: 발타자르 그라시안, 라 로슈푸코, 라 브뤼예
> 르 ; 엮은이: 한상복. -- 고양 : 위즈덤하우스, 2015
>   p. ; cm
>
> 원저자명: Baltasar Gracian, La Rochefoucauld, La Bruyere
> 스페인어와 프랑스어 원작을 한국어로 번역
> ISBN 978-89-6086-801-4 13320 : ₩13000
>
> 격언[格言]
> 인생훈[人生訓]
>
> 199.1-KDC6
> 179.9-DDC23   CIP2015009067